大生活教育课程
自闭症儿童
感觉统合训练理论
与活动设计

DASHENGHUO JIAOYU KECHENG
ZIBIZHENG ERTONG
GANJUE TONGHE XUNLIAN LILUN
YU HUODONG SHEJI

于港仕　周潇龙◎著

中国海洋大学出版社
CHINA OCEAN UNIVERSITY PRESS

　　本书是 2019 年度山东省基础教育教学改革重点项目《基于农村残疾学生社会适应能力培养的"大生活教育"实践与探索》(项目编号:3702036)的成果之一。本书立足于自闭症儿童大生活教育中的康复训练——感知觉统合训练,系统介绍了自闭症儿童感知觉统合训练的理论与训练活动设计。全书共分为八部分,主要介绍了感觉统合的概念及自闭症儿童感知觉发展特点、感觉统合与自闭症儿童的发展、自闭症儿童感觉统合能力评估、自闭症儿童感觉统合训练的基本理论、自闭症儿童的感知觉训练、自闭症儿童触觉训练的活动设计、自闭症儿童前庭觉训练的活动设计、自闭症儿童本体觉训练的活动设计。本书理论与实操有机结合,实用性强,适合学前康复机构、特殊教育学校、有自闭症儿童随班就读的普通学校教师及特殊儿童家长阅读。

科

科一研一成一果一

目录

第一章 绪 论

第二章 感觉统合与自闭症儿童的发展

第三章 自闭症儿童感觉统合能力评估

第四章 自闭症儿童感觉统合训练的基本理论

第五章　自闭症儿童的感知觉训练

第六章　自闭症儿童触觉训练的活动设计

第七章　自闭症儿童前庭觉训练的活动设计

第八章 自闭症儿童本体觉训练的活动设计

参考文献

第一章 绪 论

一、感觉统合的提出

感觉统合（Sensory Integration）由美国心理学家爱尔丝在 1969 年提出。爱尔丝在对感觉统合的研究中发现，在 3~13 岁儿童中，有 10%~30% 的儿童会出现注意力不集中、多动、做作业拖拉、自控能力差、学习成绩差、动作协调不良或是易紧张、胆小、内向、爱哭、不合群、挑食等问题。这些问题并非儿童的智力及教育问题，而是大脑功能发育不协调引起的。在 1972 年及 1979 年，爱尔丝不但在理论上最早提出感觉统合问题，而且还开发了感觉统合的运动器具及指导方法，设计了不少针对问题儿童行为的核对方法和评量观察表，提出需要进行心理训练来加以纠正。在 20 世纪 70 年代，美国、日本、新加坡等国家和地区兴起感觉统合训练，设有感觉统合训练室，并把它作为儿童教育中的必修课程。1992 年我国引入奇德儿感觉统合训练器材，在北京进行了实验，取得了良好效果，总显效率达 85%。随后，天津、上海、广州等地相继也开办了儿童感觉统合训练。近年来，我国已有多所重点幼儿园设有这项训练室，全国各地也开设了许多儿童感觉统合训练机构。有些学者把感统训练运用到特殊儿童的康复训练中，也取得了很好的效果。目前特殊儿童的学前康复机构、特殊教育学校都设有感统训练室。

二、感觉统合的概念

感觉统合是指人从环境中接收信息、向环境反馈信息的互动过程，具体地说：当外界刺激通过人的视、听、味、嗅等各种感觉器官、神经组织进入大脑各功能区，经过大脑的分析、判断、筛选后，然后才能指挥身体对外界做出适当的反应,形成有效的统合。

儿童的行为表现就是大脑功能的反射,我们虽然无法透视儿童的大脑,但是可以透过儿童的外部行为,去推想他的大脑功能,因此感觉统合理论又被称为大脑一行为理论。感觉统合功能失常的儿童虽然可能具有健全的骨骼肌肉系统,但在一般的动作发展方面常会较缓慢,长大后会觉得他的动作较笨拙、一些简单的美劳活动做起来很吃力,美劳或是体育会是其最不拿手或害怕的科目。而有些儿童在入学之前似乎各方面的发展都很正常,但是上学之后却出现许多问题,包括在学校当中的课堂学习、与同学的相处、日常生活都可能碰到困难,落后于同学会造成他的焦虑,因此会衍生自卑等情绪心理问题。

三、自闭症儿童感知觉发展特点

（一）自闭症儿童视觉发展特点

众多研究发现,自闭症儿童的视觉注意有别于普通儿童。视觉反应异常表现为自闭症儿童对物体的注意明显多于对人的注意,因此在社交环境中很少有目光对视,或对人视而不见。许多自闭症儿童喜欢反复开关电灯,特别爱看电视广告,但对一般儿童喜欢的电视节目则不感兴趣,表明自闭症儿童对于变化快速的电视画面或闪烁的灯光具有特殊的兴趣,而对节目的整体情节没有兴趣。可见,自闭症儿童的视觉异常行为主要表现为对社交相关刺激的反应异常,缺少目光对视的自闭症儿童往往表现出相对严重的社交、语言障碍,而有一定目光对视的自闭症儿童社交障碍的程度较轻。由此推测,视觉反应异常可能是自闭症儿童社交、语言障碍的重要机制之一。除了这些表面上的差异外,他们缺乏自上而下的注意特征,先加工局部或细节,很少在整体水平上进行加工处理,他们几乎不受视错觉的影响。所以,自闭症儿童从复杂刺激中找出某个图形的表现比普通人优异。面孔加工在社会交往活动中意义重大,研究发现,尽管自闭症儿童对面孔的觉察与加工模式与正常儿童相似,但不论面孔是否熟悉,自闭症儿童对面孔的视觉注意速率都慢于正常儿童。眼睛含有强烈的社交信息,而自闭症儿童对这个兴趣区的注视比正常儿童少,而对嘴巴的注视却没有显著差异。虽然还有争议,但大多数研究者认为,自闭症儿童对眼睛区域的注视存在困难。

（二）自闭症儿童的听觉发展特点

相较于视觉障碍,自闭症儿童的听觉障碍就不那么容易发现。自闭症儿童的听觉问题主要包括对声音的超敏反应和听觉通路的异常。自闭症儿童的听觉反应异常突出表现为对语言声音反应迟钝,例如大声叫其名字或对其讲话时,他们仍无反应,因而使人怀疑其可能存在听觉障碍,但同时他们对其感兴趣的声音则极为敏感,即使声音很小也有反应,如电视广告声音、音乐及其喜欢的食物名称等。可见,自闭症儿童对声音的反应具有"选择性",主要表现为对交流性语言声音反应障碍,有的文献称此现象为"听觉过滤"。听觉反应异常尚表现为患儿对生活中某些常见的声音(如汽车马达声、铃声,甚至朗诵课文的声音)或音量耐受差,难以忍受而捂耳朵,而这些声音或音量一般人并未感觉特殊。少数患儿则对一些物体发出的声音有特殊兴趣,但此症状仅见于重症患儿。究其原因,自闭症儿童可能存在听性脑干反应的传导时间延迟。他们对非社会性听觉刺激与社会性听觉刺激加工都异于正常儿童。虽然在听觉刺激的几个维度上,自闭症儿童都存在知觉缺陷,但他们对音调的辨别能力更强。即使是那些没有受过音乐训练的自闭症儿童,他们也普遍存在对音调的知觉优势。

（三）自闭症儿童的触觉发展特点

关于自闭症儿童的触觉研究并不是很多,之前我们大多只是直观地发现有些自闭症儿童不像普通儿童那样喜欢身体接触(如拥抱、牵手),少数自闭症儿童对痛觉(针刺等)反应不及时或者迟钝。2008 年,卡瑞沙、弗朗西斯和格丽斯等学者在《自闭症和发展紊乱杂志》(*Journal of Autism and Developmental Disorders*)上发布了他们做的关于自闭症患者触觉综合心理研究,通过对比试验研究了自闭症患者与普通人在触觉刺激阈值方面的异同。经过多组对比试验,他们发现在重物压触感受测试中,自闭症患者前臂对于重物放在上面的敏感程度要低于普通人,自闭症患者的感受阈值为 0.45 克,而普通人的阈值为 0.35 克;自闭症患者和普通人的手掌对于重物的感受阈值几乎没有差别。在震动测试中,他们用 33 赫兹的振动源刺激两组试验对象,发现自闭症组前臂的敏感程度明显低于普通组;手掌的敏感程度也低于普通组,但差别没有前臂那么大。在用不同材料摩擦接触试验中,自闭症组的前臂无论是对粗麻布、塑料网还是软刷子的刺激都比普通人更为感觉敏锐;而手掌测试的结果也基本一致,不同的地方在于两组测试对象都对塑料网摩擦手掌有排斥,但自闭症组排斥的程度要低。在对自闭症组和普通组进行冷热温度变化感知测试中,发现两组测试对象对冷热变化的感知基本相同,只是在对前臂的测试中,发现自闭症组对温度下降的感知略迟钝于普通人。在冷热耐受试验中,发现自闭症组对于冷和热的耐受能力明显低于普通组,自闭症组在 16 摄氏度时就表示不舒服而普通组平均要到 10 摄氏度,自闭症组在 44 摄氏度时表示热得不舒服而普通组平均要到 47 摄氏度。

（四）自闭症儿童的味觉和嗅觉发展特点

有研究表明,75% 的自闭症儿童存在不同程度的不健康饮食习惯,表现为挑食、钟情于某几种食物、对某些食物特别抗拒和爱吃零食等。为研究自闭症儿童独特的饮食习惯和味觉与嗅觉的关系,艾莉森、珍娜等四位学者做了一组对比实验,结果表明自闭症儿童的味觉和嗅觉相较于普通儿童有更高的敏感度,而这也正是自闭症儿童独特饮食习惯的原因所在。不过这并不能解释为什么有些自闭症儿童特别喜欢闻某些味道或者对某些味道没有反应,在这方面的相关研究还没有实验支持。

（五）自闭症儿童的本体觉发展特点

直观上,我们感觉自闭症儿童有明显异于常人的本体觉,他们的身体常常处于不正常的扭曲状态,走路姿势僵硬古怪,全身看起来总是软弱无力等。一些自闭症患者也常自述具有本体觉异常:"我不能正确指向物体是由很多原因造成的,最重要的原因就是我对自己的身体姿势没有意识。""在童年时期我几乎不能准确地感受自己的四肢和关节在哪里,它们将向什么地方运动。"然而克里斯提娜、斯图沃特和艾米在《自闭症与发展紊乱杂志》上发表的研究结果表明自闭症儿童的本体觉与普通儿童并没有本质区别。为了研究自闭症儿童的本体觉,他们设计了三组对比试验，分别是被动肘关节角度匹配任务、被动指尖匹配任务和主动肘关节角度匹配任务。实验结果显示，自闭症组和普通对比组结果没有显著差异，也就是说自闭症儿童的本体觉和普通儿童的本体觉没有显著差异。至于自闭症儿童表现出的类似本体觉缺失表现，可能是由于自闭症儿童的其他感觉特异性和运动能力匮乏导致的。莫里斯和福斯特等学者的研究证明了自闭症儿童在姿势控制时过多依赖视觉而非本体觉。

（六）自闭症儿童的前庭觉发展特点

跟触觉防御一样，自闭症儿童对前庭刺激会产生过度敏感的现象，虽然艾丽斯认为对前庭刺激过度敏感的儿童，会出现旋转后眼球震颤过长的现象，但是旋转眼球震颤时间的长短并不能作为判断前庭系统功能的唯一准则；而有前庭系统异常的儿童，还是可能有正常的旋转后眼球震颤。前庭系统反应过度包含以下几种。

1. 重力不安全症

人体时时刻刻都跟重力产生互动，自婴儿时期开始，儿童便花费大部分的时间来学习如何对抗重力，例如，把头抬起来、翻身、坐起到站立行走。儿童借由对重力的了解及共处可以帮助他们进行所有的活动，而这种来自重力的安全感是所有情绪行为发展的基础，爱尔丝甚至认为人体和重力的关系比亲子之间的依附关系更重要，而重力不安全症指的就是自闭症儿童对来自耳石器官（椭圆囊和球囊）的前庭感觉系统（都与重力、直线运动有关）会过度敏感，再加上本体感觉的缺失，因此会很害怕姿势的改变，并且对一点点的高度就会畏惧。而有重力不安全症的自闭症儿童通常对身体概念的认识存在偏差，所以他们常常会误判身体在空间中的关系，常感觉自己快跌倒了、快摔下去了。

有重力不安全症的自闭症儿童对于搭乘电梯或手扶梯有过度的恐惧，害怕攀爬的游戏，玩游乐器材时脚都不敢抬离地面（只有脚踏实地，才能给他最稳定的感觉），甚至会对两个不同平面之间的移动感到非常恐惧，例如不敢从车子跨步到地面；有些儿童则会出现抗拒身体或头部姿势的改变，尤其是往后或是往上的姿势。久而久之，因为害怕姿势的改变,这些自闭症儿童的动作会越来越缓慢,而他们也会排斥大多数肢体动作,进而影响他们的粗大动作功能。当他们长大的时候,因为不敢从事骑车、游泳等活动,会限制他们探索环境的机会和与同伴互动的机会。

家长必须仔细辨别重力不安全症和姿势不安全症,有些儿童虽然也会像重力不安全症的儿童一样,做任何的动作都是缓慢而过分小心,但是他们却很喜欢各样的前庭刺激,那么,他们那些对姿势动作变化的恐惧可能是来自缺乏适当的动作技巧(例如脑性麻痹的儿童),而非前庭过度敏感所致。但这两种情形也有可能同时存在。

2. 对动作的厌恶反感

自闭症儿童会对一般的动作感到很排斥、恐惧,例如只是转一圈,就会出现脸色苍白、冒汗等现象。曾经有自闭症儿童描述那种感觉:好像手和脚都不是自己的,跟做噩梦时想逃但逃不动的感觉很像。有些自闭症儿童甚至在活动结束很久以后才出现这些反应。其原因就是自闭症儿童会对来自半规管的前庭讯息(都是与旋转、加减速度有关)过度敏感,或是无法解决前庭—本体—视觉讯息之间的冲突,导致会害怕参与大部分的动作,所以有重力不安全症和对动作有厌恶反应的自闭症儿童常常会被同学嘲笑胆小鬼而自尊低落。而这些儿童为了避免这些不舒服的感觉刺激,往往会去操纵大人或环境,例如会去主导该进行什么样的活动,或是不听大人的指示,常常会给别人很难搞的感觉。家长和老师若能洞察他们的内心,了解他们的感觉统合异常所在,就可以协助他们和这些前庭刺激和平共处。

前庭—本体感觉调节异常会出现以下行为。他们会特别害怕一般性的动作,如上、下楼梯,荡秋千,滑行,或是使用一般的游戏器材,而有些自闭症儿童会过度喜欢骑乘某些游乐设施(如摇摇马)。他们的平衡感不佳,并且会避免那些需要平衡感的活动,例如走在平衡木或是不稳的平面上,而这时若大人从旁协助,会发现自闭症儿童很用力地抓着你。他们非常喜欢快速旋转的活动,并乐此不疲;或是会经常摇动、转动自己的身体(尤其是当有压力时,身体会摇晃得更明显)。他们特别喜欢推、拉、举重及跳跃的动作。自闭症儿童坐得不稳,有时会从坐的地方跌落。摔倒的时候,他们不会撑着去保护自己。他们会有不正常的晕眩感(过度晕眩或是完全无量晕眩感),特别喜欢需要倒立动作的活动,如翻跟斗。当自闭症儿童头的位置未保持直立(如向后倾),他们会感觉很不舒服,在还是小婴儿的时候会很不喜欢被大人摇晃或上下动的感觉。自闭症儿童对力量控制不佳,例如常常会把东西握得太紧或不够用力,有的会有咬紧牙关的表现。自闭症儿童往往无法正确判断完成一个活动需要的距离,例如要跨越过门槛时脚举得不够高。他们总是用力过猛,例如大力开门、走路很用力或是写字折断铅,也常常会撞倒桌椅或别人。有些自闭症儿童看起来特别的虚弱无力。有些自闭症儿童会特别喜欢咬一些不能吃的东西,如毯子、玩具。他们会特别排斥需要对抗地心引力的活动或姿势,所以可以躺就不会坐,可以坐就不会站。自闭症儿童在家里不会喜欢爬上爬下,但是很喜欢搬动家具,并且他们常常过度畏惧跌倒。

我们一直提到,感觉刺激就是大脑的"食物",但是对于一些自闭症儿童来说,他们的大脑不管吃再多的"食物",好像都没有"饱"的感觉。这类自闭症儿童有可能是因为感觉系统反应不足,而前文提到的触觉防御、重力不安全症及动作有厌恶反应,则是感觉系统过度反应的情形,而反应过度与不足都会影响到自闭症儿童的行为。

大脑接受感觉刺激之后,便会对该感觉刺激做适当的处理,学者Dunn 提出了一个感觉处理的模式,见表 1-1。

表 1-1　感觉刺激处理模式

感觉	调节模式	
反应阈值	被动反应	主动反应
高	感觉登记较差,儿童的感觉阈值较高,因此需要大量的感觉刺激才能引发儿童的注意	寻求感觉刺激的行为,儿童有较高的感觉阈值,且会主动寻求大量的感觉刺激
低	感觉系统过度敏感,儿童的感觉阈值低,会对轻微的感觉刺激产生过度的反应	避免刺激行为,儿童的感觉阈值低,会对轻微的感觉刺激主动产生过度反应

前庭系统反应不足的自闭症儿童，可能会出现寻求感觉刺激的行为，他们会疯狂地喜爱所有刺激的活动与器材，而且完全都不会产生眩晕的感觉，有些自闭症儿童不会出现旋转后眼球震颤（一般儿童只要转个几圈便会出现）。所以，他们在日常生活中的表现就是动个不停（通常是无目的的动作，但注意力不见得会缺损）且很爱冒险。有些自闭症儿童则会寻求大量的本体刺激，喜欢推拉重物，跟别人挤来挤去，大声蹀步或是用力丢球。这些自闭症儿童也比较不容易察觉并纠正自己的身体触觉防御或是重力不安全症的现象，他们需要大量的本体刺激来安抚自己；而触觉系统反应不足的自闭症儿童，则喜欢做大量的触觉探索，或是寻求他人的拥抱等。而上述行为都可能造成行为及人际关系的问题。

3. 平衡感不佳

容易失去平衡，特别是在以下几种情况：往椅子上面爬，骑脚踏车，跳、单脚站立或是把脚尖翘起；容易失重，经常跌倒受伤；不能长时间把头部平衡地置于中央，尤其表现在上课时头忽左忽右，扭动摇晃频繁，站无站相，坐无坐相；有的要用手托住下颌，有的将头后倒仰面而坐，看上去很辛苦，很难集中注意力；笨手笨脚，拿东西不稳，常掉地上，常碰撞东西。

4. 注意力涣散，多动，自控能力差

从婴幼儿时期开始就比别的孩子活动量多，精力充沛，不知疲劳，喜欢爬上爬下，跑进跑出，东摸西扯，做事有头无尾；入睡难，睡眠较少；安全与危险的意识淡薄，无所畏惧，喜欢打滚、爬高，从高处往下跳；喜欢招惹别人，爱恶作剧，很难与别人友好相处，勿激怒，甚至有攻击性行为；组织力不佳，生活上杂乱无章，书包不整洁，玩具乱七八糟、丢三落四；易激动，爱出怪声，很难接受批评，情绪反应激烈。

5. 视觉感不良

看东西重影，喜欢用手遮住双睛、睁一只眼睛、蒙住一只眼情或是斜视，很难把视线从一个物体转移到另一个物体上，如看黑板之后再看自己的书本；视线很难跟随移动中的物体，如飞转而过的乒乓球；看电视或玩圆圈游戏时，喜欢晃动身体或是斜着身子；总是逃避集体活动；在读书写字时，总是丢三落四，忘写数字或是某些词；做精细的动作困难，如串

珠或按虚线涂色；对自己阅读的东西没有形象上的概念，不能把图片、文字与具体的实物联系在一起；搞不清图片、文字、符号和物品之间的不同之处和相同之处；对文化课的学习有困难，如搞不懂字的大小、所占的空间、数字的顺序；写字参差不齐、不工整；弄不清物品之间的位置关系，经常撞到家具或是上台阶时踩空；分不清左和右，方向感很差；不理解上、下、前、后以及先、后的顺序。剧烈旋转以后，可见眼球震颤（正常值为5~30秒，少于5秒表明前庭觉迟钝，超过30秒为前庭觉敏感）。

6. 听觉感不良

虽然听力正常，但看上去像个聋人，不能分辨声源，总是四处张望以找到声音是从哪儿发出来的；辨别声音有困难，特别是不能区别相近的音，如"京"和"星"；在没有其他声音干扰的情况下，不能集中精神听一个声音；很难专心去听或者读，而对于听到的和读到的东西也很难理解或是记住；在做出反应之前总是张望；说话总是跑题，在与人进行近距离交流时有困难，如不能对别人的问题和评论做出适当的反应；说话口齿不清，不能大声朗读；唱歌时跑调，没有节奏感；在经过剧烈运动之后，说话能力有所提高；听到尖的、高的、金属的、突然的声音便会极其痛苦，即使是一些常人觉得正常的声音，对于他们来说也是难以忍受的。

第二章　感觉统合与自闭症儿童的发展

一、感觉统合与儿童发展

　　感觉统合是一个正常的大脑需具备的功能。儿童的大脑是一部处理各种感觉刺激的机器,这段时期儿童都是直接借由各种感觉来认识他自己的身体以及周围的环境。发展中的儿童一开始会去体验可以经历的感觉,接着会逐渐转移注意力到他们认为是有意义的事物上,并排除跟目前需求和兴趣没关系的事物,因此儿童会组织更有效的游戏行为,并获得情绪上的调节与控制。所以一个大脑健全的儿童,能在日常生活当中主动摄取适当的感觉刺激,去发展潜能与学习新技巧。就像人们会挑选食用对身体有益的食物,以获得足够的营养,因此,感觉统合功能失常就好像"消化不良"一样,大脑无法得到足够的滋养。换言之,正常的感觉统合功能可以让一个小孩"头脑健全",以适应不同的环境需求,扮演适当的角色,例如,做游戏时就是一个很好的游戏者、学习时就是一个很好的学习者,而和别人相处时也能适当扮演朋友的角色。因此对大部分正常发展的儿童来说,不需要特意去为他们设计大脑的"感觉餐",儿童参与的日常活动便能持续提供足够的大脑感觉刺激。儿童并不会被动地接受所有的感觉刺激,他们会挑选出在当下最有用的刺激加以组织整合,就像人们会根据不同的季节及身体状况来挑选食物一样,而这种"主动性"便是感觉统合重要的特征之一。因此毫无目的地要求儿童荡秋千,或是被动地给予儿童触觉刺激(如不断地触摸儿童),并不是真正的感觉统合。众所周知,当主动探索、学习一件事情的时候,会得到最好的学习效果,因此当儿童有越多的内在动机,他们就会有越好的感觉统合功能。

二、感觉统合训练对自闭症儿童发展的影响

感觉统合训练是基于自闭症儿童发育过程中神经系统可塑性而来的。它为感觉统合失调的自闭症儿童提供了一种可控制的输入机制，让他们能够统合这些感觉，从而达到改善他们运动协调、语言、社会交往等的目标。为研究感觉统合训练对自闭症儿童的训练效果，邓红珠等在 1999 年到 2001 年对 45 名自闭症儿童进行了系统的观察训练实验。他们将 15 名自闭症儿童设为对照组，不进行任何治疗，剩下的 30 名自闭症儿童设为实验组，进行为期 6 个月的感觉统合训练，以孤独症治疗评估量表（ATEC）分数作为检测工具。实验结果显示，经过感觉统合训练后，自闭症儿童的 ATEC 分值明显降低（分数越低表明自闭症程度越低），他们的语言、社交、感知觉、行为均有明显改善，特别是在社交方面的改变尤为明显。实验组的 30 名自闭症儿童中，29 名具有不同程度的感觉统合失调，失调率为 96.7%；接受训练后，有 21 名自闭症儿童感觉统合情况改善显著，有效率为 72.4%。

三、自闭症儿童感觉统合功能失调的原因

造成自闭症儿童感觉统合功能失调的原因与普通儿童感觉统合失调的原因基本是一致的，主要体现在如下几个方面。

（一）孕期发育及环境刺激异常

在胚胎形成期，精子与卵子的先天不足以及受精卵本身的缺陷可能导致婴儿出生后感觉统合失调。孕妇的妊娠反应剧烈，出现腹痛、阴道流血、先兆流产、病毒感染（如感冒、风疹、肝炎）、其他合并症（如高血压、水肿、蛋白尿）也会导致孩子感统失调。孕妇在孕期生病，药物的影响（如抗过敏药、抗癫痫药、抗生素类）、情绪的紧张、焦虑、恐惧、忧郁，或者是孕妇工作过分劳累、营养不良，或过分静养、营养过剩都可能导致儿童感觉统合失调。孕期的不良嗜好，如吸烟（包括被动性吸烟）、酗酒、喝浓茶、浓咖啡、吸毒，都是儿童感觉统合失调的原因。

（二）生程异常

早产、过期产、剖腹产及胎吸助产、产钳助产等不利因素都可能成为

婴儿长大后感觉统合失调的原因。此外，婴儿出生后得中度或以上黄疸、体重过轻，不会哭或哭声弱等，也可能会导致婴儿长大后感觉统合失调。

（三）抚育方式不当及环境影响

母乳喂养不仅营养价值高、提供抗体多，而且使母婴有更多的肌肤接触。有研究表明，早期亲子肌肤接触对孩子一生的性格发展有极大影响。有的医生建议婴儿一出生就应该裸体与母亲腹部接触，一直到完成第一次吸奶后才穿衣服，这有利于建立母子依恋感情以及重要的触觉学习。但现在有些父母出于各种原因，没有对孩子进行母乳喂养，这方面的缺乏可能会导致儿童感觉统合失调。

儿童接触的大都是老人或保姆，他们多关注儿童身上是否干净，是否吃好、睡好，有时为了省事，在生活上处处限制儿童，如不准玩泥沙、玩水，不准乱爬乱钻，不准乱跑乱蹦，总是提醒儿童坐好，或把儿童放进学步车或手推车中。这在很大程度上造成儿童运动学习缺乏。他们过于注重儿童的冷暖，稍热一点就使用空调，而冷气对于触觉学习是一大阻碍，造成神经系统无法健全发展。儿童在家里基本上是独睡、独玩，没有玩伴，缺少模仿对象，儿童就缺少与同伴之间的摸爬滚打、斗智斗勇，使儿童的身体感官、神经组织及大脑间的互动不足。此外，现在儿童的玩具大都是电动的、遥控的，声色俱全，而剪纸、折纸、夹花生、数豆豆、砌积木、拼图、编织、刺绣等手部操作大大减少，限制了儿童手部精细动作的发展。

（四）婴幼儿期头部外伤及疾病

儿童在发育过程中，若出现车祸、意外伤害等，以致头部严重创伤，脑部受到物理损伤，或者患有大脑炎、脑膜炎、多次高烧（39摄氏度以上）、惊厥、脑性麻痹、癫痫等，对大脑造成病理性损害。这些损害都可能会导致儿童的感觉统合失调。此外，体内微量元素的含量不合适，如铅中毒，缺锌、铁、碘等，也可能成为感统失调的帮凶。

（五）遗传因素

如父母的各种感官、神经系统较弱或易受某些不良环境因素的影响，如果儿童遗传了父母的这点，那么儿童在后天受到不良环境的影响,出现感觉统合失调的概率就很大。

(六)过大的心理压力

有研究和实践证明,有不少儿童会因突然的或过大的刺激致使心灵受到伤害而发生感觉统合功能失调。突然的家庭变故或亲人离去,儿童被拐卖、遗弃、身体受到强暴等,都可成为他们心理失去平衡的诱因,导致脑功能障碍,引起感觉统合能力不足。父母过高的期望和学校不良的教育方式,只重视学习,使儿童有过大的心理压力忽视了儿童身体动作的发育和运动能力的发展,也会导致儿童感觉统合失调。

四、自闭症儿童感觉统合功能失调的后果

(一)感知觉反应异常

在味觉方面,自闭症儿童会将所有可以吃、不可以吃的东西都塞到嘴里,他们无法分辨食物是否腐烂,虽然已经上小学或者中学了,但还是喜欢吃软烂的婴儿食物。自闭症儿童会拒绝吃特殊口感的食物,有些会排斥青菜的纤维,有些会排斥布丁的滑润。总之,他们挑选食物的标准不是取决于口味,而是口感,这会造成他们在进食及营养摄取上的困难。自闭症儿童不喜欢刷牙、看医生,有些则会用力地咀嚼东西。

在嗅觉方面,自闭症儿童对气味很不敏感,有时会造成危险,例如闻不到外泄的煤气味。嗅觉是唯一和大脑的边缘系统直接连接的感觉系统,所以会传递有利的讯息,例如烟味告诉我们可能着火了,这对儿童来说是很重要的保护机制。有些则对臭味很敏感,甚至会想呕吐,连对有香味的物品(例如香皂、面包)都觉得反感。

在听觉方面,对于反应不足的自闭症儿童,即使是突然的巨大声音,也不会让他们特别注意或是有被吓到的反应。而有些自闭症儿童则很容易被一点点声音吓到,或是感到不舒服,会持续过度地注意环境中不重要的声音。

在视觉方面,有些自闭症儿童虽然视力正常,但他们对视野中影像的改变没有反应(包括影像的动作和颜色)。有些自闭症儿童则会过度注意已熟悉的视觉影像。人们一般会对视觉刺激习惯化,这可以帮助人

们有效学习,例如阅读的时候可以快速看学过的字。然而对于这些自闭症儿童来说,每个字都好像是刚学一样,都需要花很多时间去注视。他们会排斥特定的视觉刺激,例如阳光、人群或是多种颜色的物体。

(二)社会交往受到限制

社会交往是机体多个系统参与的,与他人进行交流的复杂活动,需要个体有良好的感觉统合能力。如果双方都具有良好的感觉统合能力,他们之间的交流就会流畅、愉快、没有障碍。但自闭症儿童的感觉统合失调会导致他们在与他人交往过程中常常出现不当的行为,不能很好地遵守规则,从而让他们成为同伴中不受欢迎的人,难以融入社会群体,影响社会交往。

(三)学习活动受到限制

学习的过程是个体多个系统参与的复杂活动,它既需要个体有合适的低位信息获得能力,也需要恰当的概念上位统合能力,否则就会导致学习的效率低下,错误频出。以读古诗为例,个体的视觉、听觉、运动三大系统以及大脑的认知中枢、语言中枢、额叶调控区域等均需要良好地参与进来,进行充分的配合,否则就无法有效地进行读古诗这个活动。

(四)影响自闭症儿童的心理健康状态

感觉统合失调会导致自闭症儿童既不能有效地获取各种信息,也不能表达恰当的行为。这就会让他们在各种活动中不容易成功,产生巨大的挫败感,而这些挫败感又会让他们在以后的活动中更难获得成功,形成恶性循环,造成自我的消极概念,形成习得性无助,带来持续的负面影响和心理体验。感觉系统调节异常会影响自闭症儿童的情绪张力。情绪张力过高会引起自闭症儿童过于好动,而情绪张力过低则会让自闭症儿童看起来沮丧、闷闷不乐。

(五)影响自闭症儿童周围人的正常生活

儿童与他们父母、老师和同伴等都具有极为密切的关系。感觉统合失调的自闭症儿童往往会给周围人带来很多困扰,照顾他们或者和他们玩耍都会比与普通儿童累得多,因为他们常常会制造很多麻烦,给周围人带来巨大的生理和心理压力。

　　总之，不管是感觉系统反应不足还是过度（要注意，有时自闭症儿童会同时具有这两种情况），都有可能是由外在因素和内在因素所造成。外在的因素包括儿童所处的文化、环境、活动的本身以及儿童与这些外在因素的关系；而内在因素则包括儿童的注意力、情绪和感觉能力。而这些内在因素和外在因素会有多方互动，这可以让我们多方位地去评估且设计治疗介入的活动。

第三章　自闭症儿童感觉统合能力评估

一、自闭症儿童感觉统合能力评估概述

　　自闭症儿童感觉统合能力的发展存在很大的个体差异性,不同的儿童在视觉、听觉、触觉、前庭觉、本体觉等方面的失调表现也不尽相同。例如,有的自闭症儿童斜视、遮眼、怕光,而有的却喜好强光刺激;有的自闭症儿童不能接受机器轰鸣声,而有的却偏爱汽车发动机的噪音;有的自闭症儿童不愿别人触碰自己,而有的却喜好用指甲抠掐自己的胳膊。面对这些失调的表现,我们需要为自闭症儿童设计出适合其特点的训练计划,而制定训练的依据是对自闭症儿童进行专业、全面、多元化的感觉统合能力评估。

　　本书所指"评估"是指对自闭症儿童的感知觉发展状况、认知能力、社会交往、情绪行为等方面情况进行有目的、有计划、全方位、多角度的了解和掌握,根据这些信息为自闭症儿童的感觉统合训练确定相应的训练起点、训练的目标,设计训练活动方案。同时,对自闭症儿童感觉统合能力的评估不仅仅是在训练前进行的一次性的工作,而是贯穿于整个感觉统合训练过程中的基础性工作。评估根据采用的方式可以分为间接评估和直接评估。间接评估是指采用咨询、访谈、问卷的形式了解自闭症儿童的相关情况;直接评估是由评估人员通过专门的仪器设备或相关操作评定标准来对自闭症儿童的发展情况进行直接的测评。评估根据时间可以分为实时评估和阶段性评估。实时评估是指评估人员在训练过程中对自闭症儿童的表现做出实时评价并与儿童进行交流;阶段性评估是指评估人员在自闭症儿童完成某一阶段训练任务后对其训练效果与成效进行评价,为下一阶段的训练做出相应的调整。

二、自闭症儿童感觉统合能力评估前的准备工作

在对自闭症儿童进行感觉统合能力评估前,评估人员需要进行相应的准备工作。首先,要创设一个舒适的评估环境。通过与自闭症儿童的陪同者(对孩子日常生活行为最为了解的人)交谈,初步掌握儿童行为习惯以及喜好,调整评估教室里影响自闭症儿童评估的环境。评估人员要尽可能地控制整个空间中会对自闭症儿童评估产生干扰的因素,包括评估环境空间的大小、光线的强弱、空间颜色、环境中物品的摆放以及评估人员的穿着装扮等。例如,有的自闭症儿童对狭小的空间会感到不适,评估时就需要带其到大教室里进行;评估教室里的毛绒玩具可能会让其感到不适,评估时就需要收起来;有的自闭症儿童可能会对评估人员的配饰(如项链、耳环、手镯、戒指)产生关注,影响评估,评估人员在评估时需将其摘下。其次,评估人员要与自闭症儿童建立良好的交流关系,通过合适的交流方式与儿童沟通,让儿童能够接纳评估人员,以便顺利完成评估。在与自闭症儿童交流过程中,评估人员要考虑到儿童所处的年龄阶段、认知能力的发展、语言和言语能力、情绪行为状况等,通过积极的言语、肯定的目光、表扬的姿势语言,让自闭症儿童在评估乃至训练过程中感受到被接纳、被重视、被肯定。

在自闭症儿童感觉统合能力评估的整个过程中,需要以专业的评估人员为主导地位,也需要任课教师、家长等人员的共同参与。每一位参与评估的人员都有着重要地位:专业人员的专业理论知识、实务技能水平、职业素养是决定整个训练工作成败的关键;任课教师和家长为评估提供第一手实时资料,其中家长在训练过程中不仅参与评估与方案的制定,还承担着自闭症儿童感觉统合训练的训练工作,家长良好的心态、正确的教育思想以及与专业人员的配合是影响自闭症儿童感觉统合能力评估效果的重要因素。

总之,对自闭症儿童感觉统合能力的评估是其感觉训练顺利进行的基础并且贯穿整个训练过程。评估需秉承多角度、全方位的原则,在多种评估环境中应用不同的评估手段进行多次评估,避免工作简单化、经

验化以及机械化。

三、自闭症儿童感觉统合能力评估的过程与方法

（一）收集自闭症儿童基本信息

掌握自闭症儿童基本情况信息是进行自闭症儿童感觉统合能力评估的首要工作，通常采用咨询的方式来获取相关信息。

自闭症儿童感觉统合能力的发展受到遗传因素和环境因素共同影响，通过了解儿童的母亲的孕期情况、生长发育史、疾病史以及生活环境的各种信息，从众多因素中分析、诊断出可能的影响因素。这种方法在整体评估工作中处于辅助地位，是对其他评估方法的一个补充，同时对其他方法得出的结论有一定的印证作用。

对自闭症儿童基本情况的咨询主要从以下几个方面开展。

1. 母亲的孕期情况

自闭症儿童从胚胎期开始直至分娩，母亲在孕期的健康状况、生活环境等都对儿童产生着影响。

（1）母亲在孕期是否服用过禁用药物；

（2）母亲是否吸烟或者是否被动吸烟；

（3）母亲在孕期是否得到充足的营养补充；

（4）母亲的职业与文化程度；

（5）母亲的工作环境是否存在物理或化学辐射以及生物感染；

（6）母亲是否为高龄产妇、儿童父母的年龄；

（7）母亲生产方式是顺产还是剖宫产；

（8）儿童出生是否早产、过期产、难产；

（9）儿童出生时的体重等各项发展基本指标是否正常。

2. 生长发育史

掌握自闭症儿童生长发育的基本情况有利于评估人员掌握自闭症儿童整体情况，有利于在日后训练中，训练人员根据自闭症儿童的情况设计训练方案、根据其特殊喜好采用恰当训练方法。

（1）自闭症儿童的喂养方式为母乳还是牛奶；

（2）自闭症儿童的断乳时间；

（3）自闭症儿童的饮食情况：偏食、少食、贪食、零食；

（4）自闭症儿童的每日户外活动时间：1小时、2~3小时、3小时以上；

（5）自闭症儿童的游戏方式：玩玩具、游戏、看书、看电视、独自玩耍、与其他小朋友玩耍；

（6）自闭症儿童会抬头、翻身、爬、坐、走、笑和说话的时间；

（7）自闭症儿童有无特殊行为：刻板行为、攻击性行为、不良情绪行为；

（8）自闭症儿童有无特殊喜好；

（9）自闭症儿童有无特殊厌恶。

3. 疾病史

自闭症儿童的身体健康状况影响其生长发育，通过了解儿童的既往病史以及就诊史可以帮助评估人员甄别致病的影响因素。

（1）家族遗传病史；

（2）既往病史；

（3）就诊病史：持续高烧不退、高烧后出现异常等；

（4）脑外伤史；

（5）其他疾病史。

4. 生活环境

自闭症儿童的生活环境对自闭症儿童生长发展有诸多影响。评估人员和训练人员通过对自闭症儿童生活环境的了解，不仅可以快速地与自闭症儿童建立良好的交流关系，也可以据此采取恰当的方式进行评估、训练方案设计以及训练工作的开展。面对庞大的信息量，专业人员应该保持高度敏感，因为其中的某一点可能对评估与训练起到有效的帮助。

（1）自闭症儿童父母的年龄、文化程度、工作职位、与儿童相处时间；

（2）自闭症儿童父母的婚姻：良好、一般、分居、离异；

（3）自闭症儿童的家庭状况：富裕、小康、温饱、低保；

（4）自闭症儿童的活动环境：有无儿童娱乐设施、有无同龄儿童玩伴；

（5）自闭症儿童的生活空间：大、中、小；

（6）自闭症儿童的活动方式：看电视、看书、上网、聊天、听音乐、种花草、画画、下棋、养宠物、运动、其他；

（7）自闭症儿童的沟通方式：口语、肢体语言、无交流；

（8）自闭症儿童是否被动吸烟；

（9）父母的教育方法：专治、溺爱、放任、民主、不定；

（10）自闭症儿童是否会做家务：无、收拾碗筷、擦桌子、倒垃圾、扫地、拖地、收拾衣物、整理玩具、浇花、其他。

（二）观察自闭症儿童日常行为

自闭症儿童的日常行为表现能够直接反映出其感知觉能力的发展状况。评估人员除了观察自闭症儿童的言语交谈、目光表情、行为举止，与家人、陌生人以及周围环境的接触活动，还可以观察其注意力水平、兴趣及其探究行为、行为动机、目的、行为的自控能力等。

评估人员可以直接参与自闭症儿童活动过程，也可以通过单面镜在隔室中观察自闭症儿童的活动行为，也可以采用录制音像的方式。

可以观察自闭症儿童的日常生活，也可以观察其游戏活动、学习。同时，也可以创设不同的情景，来观察儿童的行为表现和反应。

1. 生活行为的观察

对于自闭症儿童来说，能否顺利完成穿衣动作与其感觉统合能力的发展有着极大联系。例如，有的自闭症儿童在冬天不愿意穿毛衣、棉衣或者不愿穿贴身、紧身衣物，这可能是自闭症儿童存在触觉敏感。有的自闭症儿童对衣服的颜色、样式很挑剔，这可能与其视觉异常有关。在扣衣扣的动作中，扣可见到的衣扣这一动作的完成涉及自闭症儿童感觉统合能力中精细运动能力的手眼协调能力，而扣那些眼睛看不到的衣扣时，会涉及自闭症儿童本体觉的能力。自闭症儿童能否站着或者坐着穿上裤子和穿脱鞋，这与其前庭—本体觉统合能力有关。

自闭症儿童在饮食过程中的表现可以作为评估人员对其感知觉

统合能力的判断。有些自闭症儿童由于手的动作不协调,使用汤匙、筷子、叉子会存在困难,或者因为对口腔部位(包括唇、颊、腭、舌、牙)的肌肉控制力不足,导致嘴巴的闭合和咀嚼动作做不好,吃饭时容易掉饭粒。有的自闭症儿童会出现流口水、不会吹泡泡糖、舌头不灵活、不能用筷子或汤匙将东西放入口中,这是其本体觉能力发展出现异常而导致的动作行为缺陷。喝水动作的完成对于一些自闭症儿童来说是一项比较困难的任务,将水倒入杯子、再把杯子端起喝水,这一系列动作的完成不仅要求眼睛能正确判断空间中物与物的正确位置关系,还需要手眼协调及准确把握肌肉的收缩控制能力,这些都需要各种感知觉能力的统合协调。

自闭症儿童可以进行简单的日常家务劳动,在其劳动过程中,我们可以进行相应的观察。例如在吃饭前摆放餐具,自闭症儿童需要利用视觉信息对物体大小、形状、方向等关系做出正确判断,这是评测儿童观察水平的重要依据。自闭症儿童对物品进行摆放时,要么将其摆放得整整齐齐、有固定的方向和位置,要么就是不遵循应有的摆放排列顺序,例如将桌椅方向颠倒、鞋子穿错脚、玩具不能正确分类放入指定的篮筐中。扫地时,自闭症儿童由于前庭平衡系统和本体觉统合失调,使用扫把如同拖地,对以身体为中线的周围空间环境难以掌控。

自闭症儿童的行走姿态会出现异常,喜欢蹦蹦跳跳、转着圈圈行进或是喜欢从台阶、楼梯、马路牙甚至是床上、凳子上这样有落差的地方往下跳,这些行为是因为自闭症儿童在寻求一定的前庭感觉刺激。然而,有的自闭症儿童却是恰恰相反的,他们或是按照固定的路线行走,或者不敢走在高台上,有的甚至上下楼梯都会产生困难,他们可能是在避免过度的前庭刺激。这类自闭症儿童大多是前庭平衡和固有平衡方面的发展不足。有的自闭症儿童的运动企划能力严重不足,表现为不敢走田间小路,碰到泥泞的地面便不知所措,对前面的障碍物无法翻越或避开,在倾斜的路面上或急上陡坡、爬小山坡时都明显困难。

在日常生活中,自闭症儿童与他人接触时会出现触觉防御过强或触觉迟钝的现象,这主要是感觉统合能力的触觉失调所导致的。例如,有些自闭症儿童不愿意与人有肢体上的接触，连轻微的触摸都有非常强烈的反应，这使得他们在公共社交活动中显得十分特别，给人一种疏离感。他们可能不会光着脚丫在草地、沙滩上玩耍。

有些自闭症儿童对剪指甲反应特别强烈，经常大声喊叫，有的可能是因为害怕指甲刀的锋利，有的则可能是因为过去的疼痛经验。只要儿童存在对剪指甲的恐惧感，就有可能存在过强的触觉防御现象。还有儿童特别不喜欢洗头、洗脸，有的对毛巾特别敏感，所有这些异常现象都是触觉学习不足造成的。

2. 游戏活动的观察

对自闭症儿童日常生活行为的观察往往会受到时间、空间等方面的限制，无法在短时间内获得有效的观察结果。而开展有目的的游戏活动可以帮助评估人员对自闭症儿童行为进行快捷有效的观察。

在软垫子上进行游戏可以让儿童自由变换动作，如仰卧、俯卧、侧卧、翻滚。儿童由趴着的动作变成仰卧动作时，一般的儿童会用头部带动颈部张力，使胸及腰自动反射跟着回转。身体移动作用，经常是颈部还原动作所引发的，颈部张力不够的儿童，做这种动作时会显得笨拙而缓慢。有些自闭症儿童碰到软垫时特别紧张，会用力挺起头，用额头贴在垫子上，使脸部腾空，因为整个头放在垫子上，会让他们极度不安。这种类型的儿童常常也不喜被左右或上下摇动，他们无法主动和地心引力取得协调，平衡能力常常不良。由于行动缺乏自信，他们常常粘人、爱哭、过分依赖等。

进行游戏活动时，可以让自闭症儿童和其他小朋友一同游戏。例如，让他们手拉手围成一个圆，然后一起绕圈走。有些自闭症儿童会因为身体对称性活动能力不足及颈部张力不足，在观察左右身边的小朋友、按照老师的指令完成相应动作或到达指定位置时笨手笨脚。

自闭症儿童的运动企划能力不足会导致他们进行一些游戏活动时出现种种困难。自闭症儿童进行摔跤游戏时，有些会身体僵硬、呆呆站立，不知道如何用力抱住对方，更不会用抱的姿势将对方压倒。自闭症儿童切橡皮泥来模拟切蛋糕的游戏时，他们可能会站在那里什么动作都不敢做,即使手里拿着塑料刀也可能不知道怎么去操作,不会将"蛋糕"等分成份,有的还可能不懂得与人分享"蛋糕"。

评估人员可以通过设计一些简单的身体游戏来观察自闭症儿童的反应。例如,让自闭症儿童用右手摸左耳,想做游戏的举手、张嘴巴、眨眼睛,赞成的举脚、拍手等,从他们各种不同的反应,可了解他们对语言的理解程度,还可以观察大脑和身体的协调程度。

3. 学习能力的观察

人与外界环境进行信息交流过程中,手是和外界环境接触最频繁、用得最多的部位,也是在儿童探索外界环境时最重要的工具。但是有些自闭症儿童手指的控制能力较差,通常会手指动作不灵活、手眼协调能力差、写字能力发展缓慢。手指控制能力不良大多是触觉防御过强造成的。

让自闭症儿童静坐在椅子上进行坐姿测试,可以观察儿童肌肉张力发展程度。弯腰驼背、两手无处放、常托在腮上等行为,或者喜欢用椅子的前两只脚将身子靠在桌子上,可能与儿童的肌肉张力发展不足有关。有的自闭症儿童会坐不住,即使是上课的时候也会突然站起来在教室里走动。

自闭症儿童在学习过程中,有些儿童对听到的声音无法即时理解,因此无法和视觉做配合。这些儿童在听写方面会特别困难,常常漏字、漏段,甚至无法完成听写任务。视觉、听觉的能力是否协调对儿童的学习能力有很大的影响。自闭症儿童在做数字排列时,常常把数字的顺序弄错,一连串的数字中间会漏掉某一个,或永远记不清数字的顺序,以致在数学学习方面表现特别困难。有的儿童对数字"6"和"9"的分辨存在一点困难,同样地在拼音学习中,"b""d""p""q"这样的字母容易记错记混,从而给学习带来很大的困难。

通过观察自闭症儿童的日常表现,我们可以初步诊断出疑似病因,然后再根据其他专业的标准评估方法进行更为有效的评估。

(三)量表评估

1. 儿童感觉统合能力发展评定量表

儿童感觉统合能力发展评定量表适用于 11 岁以下的学龄儿童的感觉统合能力发展评定。量表由 58 个问题组成,分为 5 项内容,见表 3-1。

表 3-1　儿童感觉统合能力发展评定量表 5 项内容

序号	评定项目	数量	评定内容
①	大肌肉及平衡	14 题	主要涉及身体的大运动能力
②	触觉过分防御及情绪不稳（触觉过分防御）	21 题	主要对情绪的稳定性及过分防御行为进行评定
③	本体感不佳，身体协调不良	12 题	主要涉及身体的本体感及平衡协调能力
④	学习能力发展不足或协调不良	8 题	主要涉及由于感觉统合不良所造成的学习能力不足
⑤	大年龄的特殊问题	3 题	此项包括对使用工具及做家务的评定，主要评定 10 岁以上的儿童

　　儿童感觉统合能力发展评定量表开始是由家长来填写的，随着训练的开始和感统训练师对儿童的了解，逐渐由感统师和儿童家长合作来完成量表填写，最后由感统师分析得出评估结果。各条目按程度不同按"从不这样、很少这样、有时候、常常如此、总是如此"五级评分，见表 3-2。"从不这样"为最高分，"总是如此"得最低分，即从不（5 分）、很少（4 分）、有时候（3 分）、常常如此（2 分）、总是如此（1 分）。结果判断时根据儿童的年龄将原始分换算成标准分（T）进行评定，转化数值见感觉统合发展评定量表 - 原始分与标准分转换表，见表 3-3、表 3-4、表 3-5。凡标准分（T）小于等于 40 者说明存在感觉统合失调现象。一般来说，标准分（T）为 30~40 分为轻度，20~30 分为中度，20 分以下为重度。

表 3-2　儿童感觉统合能力发展评定量表

评估内容	评估序号	评估项目	从不这样	很少这样	有时候	常常如此	总是如此
大肌肉及平衡能力	1	特别爱玩旋转的凳椅或游乐设施，而不会晕	5	4	3	2	1
	2	喜欢旋转或绕圈子跑，而不晕不累	5	4	3	2	1
	3	虽看到了，仍常碰撞桌椅、旁人、柱子、门墙	5	4	3	2	1
	4	行动、吃饭、敲鼓、画画时双手协调不良，常忘了另一边	5	4	3	2	1

续表

评估内容	评估序号	评估项目	从不这样	很少这样	有时候	常常如此	总是如此
大肌肉及平衡能力	5	手脚笨拙、容易跌倒,被拉时仍显得笨重	5	4	3	2	1
	6	俯卧地板和床上时头、颈、胸无法抬高	5	4	3	2	1
	7	爬上爬下、跑进跑出、不听劝阻	5	4	3	2	1
	8	不安地乱动,东摸西扯,不听劝阻,处罚无效	5	4	3	2	1
	9	喜欢惹人、捣蛋、恶作剧	5	4	3	2	1
	10	经常自言自语,重复别人的话,并且喜欢背诵广告语	5	4	3	2	1
	11	表面左撇子,其实左右手都用,而且无固定使用哪只手	5	4	3	2	1
	12	分不清左右方向,鞋子衣服常常穿反	5	4	3	2	1
	13	对陌生地方的电梯或楼梯,不敢坐或动作缓慢	5	4	3	2	1
	14	组织力不佳,经常弄乱东西,不喜欢整理自己的环境	5	4	3	2	1
触觉敏感及情绪稳定	15	对亲人暴躁,强词夺理,到陌生环境则害怕	5	4	3	2	1
	16	害怕到新场合,常常不久便要求离开	5	4	3	2	1
	17	偏食、挑食,不吃青菜或软皮	5	4	3	2	1
	18	害羞、不安,喜欢孤独,不爱和别人玩	5	4	3	2	1
	19	容易粘妈妈或固定某人,不喜欢陌生环境,喜欢被搂抱	5	4	3	2	1
	20	看电视或听故事,容易大受感动,大叫或大笑,害怕恐怖镜头	5	4	3	2	1

续表

评估内容	评估序号	评估项目	从不这样	很少这样	有时候	常常如此	总是如此
触觉敏感及情绪稳定	21	严重怕黑,不喜欢在空屋,到处要人陪	5	4	3	2	1
	22	早上赖床,晚上睡不着,上学时常拒绝到学校,放学后又不想回家	5	4	3	2	1
	23	容易生小病,生病后便不想上学,常常没有原因拒绝上学	5	4	3	2	1
	24	常吸吮手指或咬指甲,不喜欢别人帮忙剪指甲	5	4	3	2	1
	25	换床睡不着,不能换被子或睡衣,出外常担心睡眠问题	5	4	3	2	1
	26	独占性强,别人碰自己的东西,常会发脾气	5	4	3	2	1
	27	不喜欢和别人聊天,不喜欢和别人玩碰触游戏,视洗脸和洗澡为痛苦	5	4	3	2	1
	28	过分保护自己的东西,尤其讨厌别人由后面接近自己	5	4	3	2	1
	29	怕玩沙土,有洁癖倾向	5	4	3	2	1
	30	不喜欢直接视觉接触,常必须用手来表达其需要	5	4	3	2	1
	31	对危险和疼痛反应迟钝或反应过于激烈	5	4	3	2	1
	32	听而不见,过分安静,表情冷漠又无故嬉笑	5	4	3	2	1
	33	过度安静或坚持奇怪玩法	5	4	3	2	1
	34	喜欢咬人,并且常咬固定的友伴,并无故碰坏东西	5	4	3	2	1
	35	内向,软弱,爱哭又常会触摸生殖器官	5	4	3	2	1

续表

评估内容	评估序号	评估项目	从不这样	很少这样	有时候	常常如此	总是如此
本体感及协调能力	36	穿脱衣裤、系纽扣、拉拉链、系鞋带动作缓慢、笨拙	5	4	3	2	1
	37	顽固,偏执,不合群,孤僻	5	4	3	2	1
	38	吃饭时常掉饭粒,口水控制不住	5	4	3	2	1
	39	语言不清,发音不佳,语言能力发展缓慢	5	4	3	2	1
	40	懒惰,行动慢,做事没有效率	5	4	3	2	1
	41	不喜欢翻跟头、打滚、爬高	5	4	3	2	1
	42	上了幼儿园,仍不会洗手、擦脸、剪纸及自己擦屁股	5	4	3	2	1
	43	上大班、中班仍无法用筷子,不会拿笔、攀爬或荡秋千	5	4	3	2	1
	44	对小伤特别敏感,依赖他人过度照料	5	4	3	2	1
	45	不善于玩积木、组合东西、排队、投球	5	4	3	2	1
	46	怕爬高,拒走平衡木	5	4	3	2	1
	47	到新的陌生环境很容易迷失方向	5	4	3	2	1
视听觉及学习能力	48	阅读或做算数特别困难	5	4	3	2	1
	49	阅读常跳字,抄写常漏字、漏行,写字笔画常颠倒	5	4	3	2	1
	50	不专心,坐不住,上课常左右看	5	4	3	2	1
	51	用蜡笔着色或用笔写字也写不好,写字慢而且常超出格子外	5	4	3	2	1
	52	看书容易眼酸,特别害怕数学	5	4	3	2	1

续表

评估内容	评估序号	评估项目	从不这样	很少这样	有时候	常常如此	总是如此
视听觉及学习能力	53	认字能力虽好,却不知其意义,而且无法组成较长的语句	5	4	3	2	1
	54	混淆背景中的特殊圆形,不易看出或认出	5	4	3	2	1
	55	对老师的要求及作业无法有效完成,常有严重挫折	5	4	3	2	1
大年龄的特殊问题	56	使用工具能力差,对劳作或家务均做不好	5	4	3	2	1
	57	自己的桌子或周围无法保持干净,收拾很困难	5	4	3	2	1
	58	对事情反应过强,无法控制情绪,容易消极	5	4	3	2	1

表3-3 感觉统合发展评定量表 - 原始分与标准分转换表（3~5岁）

标准分	3岁组原始分			4岁组原始分			5岁组原始分		
	大肌肉及平衡觉	触觉防御	本体感	大肌肉及平衡觉	触觉防御	本体感	大肌肉及平衡觉	触觉防御	本体感
10	29	44	23	27	45	26	29	50	24
11	29	45	24	28	45	27	30	51	25
12	30	46	24	29	46	28	30	52	26
13	30	47	25	29	47	28	31	52	27
14	31	48	26	29	48	29	32	53	27
15	32	49	27	31	49	29	32	54	28
16	33	50	27	31	50	30	33	55	28
17	33	51	28	32	51	30	34	56	29
18	34	52	28	32	52	31	34	56	29
19	34	53	29	33	53	31	35	57	30
20	35	54	30	33	54	32	36	58	31

续表

标准分	3岁组原始分			4岁组原始分			5岁组原始分		
	大肌肉及平衡觉	触觉防御	本体感	大肌肉及平衡觉	触觉防御	本体感	大肌肉及平衡觉	触觉防御	本体感
21	36	55	30	34	55	32	36	59	32
22	36	56	31	34	56	33	37	60	33
23	37	57	32	34	57	33	38	61	33
24	37	58	33	36	58	34	39	62	34
25	38	59	33	36	59	34	39	63	34
26	39	60	34	37	60	35	40	63	35
27	39	61	35	37	61	35	40	64	36
28	40	62	35	38	62	36	41	65	37
29	40	63	36	39	63	36	42	65	37
30	41	64	37	39	64	37	42	67	38
31	42	65	37	40	65	38	43	67	38
32	42	66	38	40	66	39	43	68	39
33	43	67	38	41	67	39	44	69	39
34	43	68	39	42	68	40	44	70	40
35	44	69	40	43	69	41	45	71	41
36	44	70	41	43	69	41	46	72	42
37	45	71	41	44	70	42	46	73	43
38	46	72	42	45	71	42	47	73	43
39	46	73	43	45	72	43	47	74	44
40	47	74	43	46	73	43	48	74	44
41	47	75	44	47	74	44	49	75	45
42	48	76	44	48	75	44	49	76	45
43	49	77	45	48	76	45	50	77	46
44	49	78	46	49	77	46	51	78	47
45	50	79	46	49	78	46	51	79	47

续表

标准分	3 岁组原始分			4 岁组原始分			5 岁组原始分		
	大肌肉及平衡觉	触觉防御	本体感	大肌肉及平衡觉	触觉防御	本体感	大肌肉及平衡觉	触觉防御	本体感
46	50	80	47	49	78	47	52	80	48
47	51	82	47	50	79	47	53	81	48
48	52	83	48	51	80	48	53	82	49
49	52	84	49	52	80	49	54	83	49
50	53	85	50	52	81	49	54	84	50
51	54	86	50	53	82	50	55	85	51
52	54	87	51	53	83	51	56	86	52
53	55	88	52	54	84	51	57	87	53
54	55	89	53	54	85	52	57	88	53
55	56	90	53	55	86	52	58	89	54
56	56	91	54	55	87	53	58	89	54
57	57	92	54	56	88	53	59	90	55
58	57	93	55	57	89	54	59	91	56
59	58	94	56	57	90	54	60	92	56
60	59	95	56	58	91	55	61	93	57
61	59	96	57	59	92	56	62	93	57
62	60	97	58	59	93	56	62	94	58
63	61	98	58	60	94	57	63	95	59
64	62	99	59	60	95	57	64	96	59
65	62	100	60	61	96	58	64	97	60
66	63	101		62	97		65	97	
67	63	102		63	97	58	65	98	
68	64	103	60	64	98	59	66	99	
69	64	104		65	99	60	66	100	
70	65	105		65	100		67	101	

表 3-4　感觉统合发展评定量表 – 原始分与标准分转换表（6~8 岁）

标准分	6 岁组原始分				7 岁组原始分				8 岁组原始分			
	大肌肉及平衡觉	触觉防御	本体感	学习能力	大肌肉及平衡觉	触觉防御	本体感	学习能力	大肌肉及平衡觉	触觉防御	本体感	学习能力
10	30	51	31	10	31	52	27	11	31	48	21	9
11	30	52	31	10	32	53	28	12	31	49	22	10
12	31	53	32	11	33	54	29	12	32	50	22	10
13	32	54	32	11	33	54	30	13	33	51	23	11
14	33	55	33	12	34	55	30	13	34	52	23	11
15	34	56	33	12	34	56	31	14	34	53	24	12
16	34	57	34	13	35	57	32	14	35	54	25	12
17	35	58	34	13	35	58	32	15	35	54	26	13
18	35	58	35	14	36	59	33	15	36	55	27	14
19	36	59	35	14	37	60	33	16	37	56	28	14
20	37	60	36	15	38	61	34	16	38	57	28	15
21	37	61	36	15	39	62	34	17	38	58	29	16
22	38	62	37	16	40	63	35	17	39	59	30	16
23	38	63	37	16	40	64	35	18	39	60	31	17
24	39	64	38	17	41	64	36	18	40	61	32	17
25	40	65	38	17	42	65	36	19	40	62	32	18
26	40	66	39	18	42	66	37	19	41	63	33	18
27	41	67	39	19	43	67	38	20	42	64	34	19
28	42	68	40	19	44	68	39	21	42	65	34	19
29	42	69	40	20	44	69	39	21	43	66	35	20
30	43	70	41	20	45	70	40	22	44	67	36	20
31	44	71	41	21	45	71	40	23	45	68	36	21
32	45	72	42	21	46	72	41	23	45	69	37	21
33	45	73	42	22	47	73	42	23	46	70	38	22
34	46	74	43	22	48	74	43	24	46	71	39	23
35	47	75	43	23	48	74	43	24	47	72	39	23

续表

标准分	6 岁组原始分				7 岁组原始分				8 岁组原始分			
	大肌肉及平衡觉	触觉防御	本体感	学习能力	大肌肉及平衡觉	触觉防御	本体感	学习能力	大肌肉及平衡觉	触觉防御	本体感	学习能力
36	48	76	44	23	49	76	44	25	48	73	40	24
37	49	78	44	24	50	77	44	25	49	74	41	25
38	49	79	45	25	50	78	45	26	50	75	41	25
39	50	80	45	25	51	79	45	26	50	76	42	26
40	50	81	46	26	51	80	46	27	51	77	43	26
41	50	81	46	26	52	81	47	27	52	78	44	27
42	51	82	47	27	53	82	48	28	53	79	44	27
43	52	83	47	27	54	83	48	28	53	80	45	28
44	53	84	48	28	54	84	49	29	54	81	46	29
45	54	85	49	28	55	85	49	29	54	82	46	29
46	55	86	50	29	55	85	50	30	55	83	47	30
47	55	87	50	29	56	86	51	30	56	84	48	30
48	56	88	51	30	57	87	52	31	57	85	49	31
49	56	88	51	30	57	88	52	31	57	86	50	31
50	57	89	52	31	58	89	53	32	58	87	51	32
51	58	90	52	32	58	90	53	32	58	88	52	33
52	59	90	53	32	59	91	54	33	59	89	52	33
53	59	91	53	33	60	92	54	33	60	90	53	34
54	60	92	54	33	61	93	55	34	60	91	54	35
55	60	93	54	34	61	93	55	34	61	92	55	35
56	61	94	55	34	62	94	56	35	62	93	56	36
57	62	95	55	35	63	95	56	35	63	94	57	37
58	62	96	56	35	64	96	57	36	64	95	57	37
59	63	97	57	36	65	97	57	36	64	96	58	38
60	64	98	57	36	65	98	58	37	65	97	58	38

续表

标准分	6岁组原始分				7岁组原始分				8岁组原始分			
	大肌肉及平衡觉	触觉防御	本体感	学习能力	大肌肉及平衡觉	触觉防御	本体感	学习能力	大肌肉及平衡觉	触觉防御	本体感	学习能力
61	64	99	57	37	66	99		37	65	98		
62	65	100	58	38	66	100	58	38	66	99	59	39
63	65	101	58	38	67	101	59	38	67	100	59	39
64	66	102	59	39	68	102	59	39	67	101	60	40
65	67	103	59	39	68	103	60	40	68	102		40
66												
67	68	104			69	104			69	103		
68	69	105	60	40	69	105		40	69	104		
69	69	105			70	105			70	105		
70	70				70				70			

表3-5 感觉统合发展评定量表 – 原始分与标准分转换表（9~12岁）

标准分	9岁组原始分				10岁组原始分				11岁组原始分				12岁组原始分			
	大肌肉及平衡觉	触觉防御	本体感	学习能力	大肌肉及平衡觉	触觉防御	本体感	学习能力	大肌肉及平衡觉	触觉防御	本体感	学习能力	大肌肉及平衡觉	触觉防御	本体感	学习能力
10	26	45	23	10	31	49	26	8	30	47	27	13	37	51	27	12
11	27	46	24	11	32	50	27	8	31	48	28	13	37	51	28	13
12	28	47	25	11	33	51	27	8	31	49	28	14	38	52	28	13
13	29	49	26	12	33	52	28	9	32	50	29	15	38	53	29	14
14	29	50	27	12	34	53	28	10	33	51	30	15	39	54	30	14
15	30	51	27	13	34	54	29	11	33	52	31	16	40	55	31	15
16	31	52	28	13	35	55	29	9	34	54	31	16	41	56	31	16
17	32	53	28	14	35	56	30	10	35	55	32	17	41	57	32	16
18	33	54	29	14	36	57	31	11	35	56	32	17	42	58	33	17
19	33	55	30	15	37	58	31	11	36	57	33	17	42	58	33	17
20	34	56	31	16	38	59	32	12	37	58	34	18	43	60	34	18

续表

标准分	9岁组原始分				10岁组原始分				11岁组原始分				12岁组原始分			
	大肌肉及平衡觉	触觉防御	本体感	学习能力	大肌肉及平衡觉	触觉防御	本体感	学习能力	大肌肉及平衡觉	触觉防御	本体感	学习能力	大肌肉及平衡觉	触觉防御	本体感	学习能力
21	35	57	32	16	38	60	33	12	38	59	34	19	44	61	34	18
22	36	58	32	17	39	61	34	13	38	60	35	19	44	63	35	19
23	37	59	33	17	40	62	34	14	39	61	36	20	45	64	36	19
24	38	60	34	18	41	63	35	14	40	62	36	20	45	65	36	20
25	38	61	34	18	41	63	36	15	41	63	37	21	46	66	37	20
26	39	62	35	19	42	64	36	16	42	64	38	21	46	67	38	21
27	40	63	35	19	43	65	37	16	42	65	38	22	47	68	38	21
28	41	64	36	20	44	66	37	17	43	66	39	22	47	69	39	22
29	42	65	37	21	44	67	38	18	43	67	39	23	48	70	39	22
30	43	66	37	21	45	68	39	18	44	68	40	23	49	71	40	23
31	43	67	38	22	46	69	39	19	45	69	41	24	49	72	41	23
32	44	68	39	22	46	70	40	19	46	71	42	24	50	73	41	24
33	44	70	39	23	47	71	41	20	47	72	42	25	51	74	42	24
34	45	71	40	23	48	72	41	21	47	73	43	25	51	75	43	25
35	45	72	41	24	48	73	42	21	48	74	44	26	52	76	43	25
36	46	73	42	24	49	74	43	22	49	75	44	26	52	77	44	26
37	47	74	42	25	50	75	43	22	50	76	45	27	53	78	44	26
38	48	75	43	25	51	76	44	23	51	77	45	27	54	79	45	27
39	49	76	44	26	52	77	44	24	52	78	46	28	54	80	46	27
40	50	77	44	26	52	78	45	24	52	79	47	28	55	81	46	28
41	51	78	45	27	53	79	46	25	53	80	47	29	56	82	47	28
42	52	79	46	27	53	80	47	26	54	81	48	29	56	83	48	29
43	53	80	46	28	54	80	47	26	55	82	48	30	57	84	48	29
44	53	81	47	28	55	81	48	27	56	83	49	31	58	85	49	30
45	54	82	48	29	55	82	48	28	57	84	49	31	58	86	49	31

续表

标准分	9岁组原始分				10岁组原始分				11岁组原始分				12岁组原始分			
	大肌肉及平衡觉	触觉防御	本体感	学习能力	大肌肉及平衡觉	触觉防御	本体感	学习能力	大肌肉及平衡觉	触觉防御	本体感	学习能力	大肌肉及平衡觉	触觉防御	本体感	学习能力
46	55	83	48	30	56	83	49	28	57	85	50	32	59	87	50	31
47	55	84	49	31	57	84	49	29	58	86	51	32	59	88	51	32
48	56	85	50	31	57	85	50	30	58	87	51	33	60	89	51	32
49	57	86	51	32	58	86	51	31	59	88	52	33	61	90	52	33
50	57	87	51	32	59	87	51	31	60	89	52	34	61	91	52	33
51	58	88	52	33	59	88	52	32	61	91	53	34	62	92	53	34
52	59	89	52	33	60	89	52	32	62	92	54	35	62	93	54	34
53	60	91	53	34	61	90	53	33	62	93	54	35	63	94	54	35
54	61	92	54	34	62	91	54	33	63	94	55	36	63	95	54	36
55	62	93	54	35	62	91	54	34	63	95	56	36	64	96	56	36
56	63	94	55	36	63	93	55	35	64	96	56	37	64	97	56	37
57	63	95	56	36	64	94	56	36	65	97	57	37	65	98	57	37
58	64	96	56	37	64	95	56	36	65	98	58	38	66	99	58	38
59	65	97	57	37	65	96	57	37	66	99	58	38	66	100	58	38
60	65	98	57	38	66	97	57	37	67	100	59	39	67	101	59	39
61	66	99			67	98			67	101			67			
62	67	100		38	67	99	58	38	68	102	59	39	68	102		
63	67	101	58	39	68	100	59	39	68	103			68	103	59	39
64	68	102	59	39	69	101	59	39	69	104	60	40	69	104	60	40
65	69	103	60	40	70	102	60	40	70	105			69	105		
66																
67						103										
68	70	104			70	104							70			
69		105				105										
70																

2. 自闭症儿童感知觉发展评估表

自闭症儿童感知觉发展评估表适用于 6 岁以下、能力与发展处于学前阶段的自闭症及其他广泛发育障碍儿童。评估自闭症儿童的感知觉发展能力有助于评估人员确定自闭症儿童的现有发展水平。

自闭症儿童感知觉发展评估表共有 55 项评估项目，主要评估儿童视觉、听觉、触觉、嗅觉和味觉 5 种感知觉在注意、反应、辨别和记忆等方面的能力现状、优劣与需求。其中，视觉发展评估包括视觉注视、视觉追视、视觉辨认、视觉记忆及重整、视觉偏好的评估（表 3-7）；听觉发展评估包括听觉反应、听觉注意、听觉辨别（3-8）；触觉发展评估包括触觉反应、触觉辨别、触觉记忆（表 3-9）；味觉发展评估包括味觉反应、味觉辨别、味觉记忆（表 3-10）；嗅觉发展评估包括嗅觉反应、嗅觉辨别、嗅觉记忆（表 3-11）。

感知觉发展评估领域的评分有"通过（P）""中间反应项（E）""不通过（F）""X"4 个级别，见表 3-6。

表 3-6　感知觉发展评估领域评分

P	通过	记 1 分	表示在没有示范或协助下，儿童能独自完成某项目。
E	中间反应项	不计分	表示儿童虽然未能完成某项目，但具有所要求动作的意识；或在协助、重复指示和示范后，能尝试完成某项目。中间反应项可以直接转化为个别化训练目标，但不作为统计项
F	不通过	记 0 分	表示即使有示范或协助，儿童也不能完成某个项目
X		不计分	表示某个项目不适合所测试的儿童

每个学年进行三次评估，第一次评估是为制定康复训练目标进行的基线评估，第二次、第三次评估既是对康复训练效果评估的阶段性评估，也是为调整后续康复训练目标服务的诊断性评估。为便于观察自闭症儿童每个领域的康复训练效果，需将第二次、第三次的评估结果依次转化为第一次和第二次的康复训练效果。

训练效果分为三级：显效、有效、无效。训练前"中间反应项（E）"，训练后评估为"通过（P）"为显效；训练前评估"不通过（F）"项目，训练后评估为"中间反应项（E）"则为有效；各项目训练前后没有变化的为无效。

表 3-7 自闭症儿童视觉发展评估表

评估内容	评估项目	评估材料	评估方法	评估标准	参考年龄
视觉注视	注视光线刺激	光线可调节的小手电筒	在距离儿童眼睛约25厘米处出示光亮以吸引儿童注意，观察其反应	P：注视球3秒或以上 E：注视3秒以下 F：不能或没有注视	0~6月
	注视颜色刺激	红色气球	在距离儿童眼睛约25厘米处摇晃气球以吸引儿童注意，观察其反应	P：注视球3秒或以上 E：注视3秒以下 F：不能或没有注视	0~6月
视觉追视	灵活追视	红色气球或儿童感兴趣的物品	在儿童面前出示气球等，摇晃气球或其他物品以吸引儿童注意，左右上下慢慢移动	P：目光追随气球，上下左右移动，均可追视 E：目光偶有追随气球移动但不连续 F：不能或没有任何追视	4~6月
	追视飘动物体★	肥皂泡液	在儿童面前吹肥皂泡，观察儿童有没有追视肥皂泡飘动	P：明显可见追视肥皂泡移动 E：偶尔追视，时间很短 F：没有追视肥皂泡	6~12月
	追视快速运动物体	红外线小手电筒及红色气球	测试员先在儿童面前3米远处由慢而快地来回移动气球；然后再将手电的光点在房间的墙上来回移动，引起儿童追视	P：对移动的气球和光点，儿童能明确作出反应 E：目光追视间断、不连续 F：没有任何追视反应	12~18月

续表

评估内容	评估项目	评估材料	评估方法	评估标准	参考年龄
视觉辨认	辨认熟悉人物的面孔（如爸爸、妈妈）★		在日常或评估期间观察或向家长询问儿童是否能辨认熟悉的人物	P：见到熟悉人物面孔时有 2 次或以上的反应或笑；对陌生人则不会 E：有 1 次反应 F：见到熟悉人物面孔时没有任何反应	5~6月
	辨认自己的影像	小镜子	测试员在儿童面前出示小镜子，让儿童照着镜子，问："这是谁呀？"	P：开心地笑、拍手，或用手触摸镜子，或说自己的名字等 E：目光反应迟钝，或盯着看 F：没有任何反应	12~15月
	辨认常见物品★		在日常生活或评估期间观察或询问家长儿童是否能够辨认一些常见物品	P：能按指示/需要去挑选 2 种或以上的常见物品（如汤匙、杯子、奶瓶、鞋、玩具） E：偶尔或提示下能按指示/需要去挑选一种常见的物品 F：不能作出正确反应	12~24月
	辨认 1 种颜色	红、黄、蓝、绿积木各 1 块	测试员在儿童面前逐一出示 4 种颜色，并问是什么颜色	P：能正确说出其中 1 种颜色 E：提示下说出其中 1 种颜色 F：不能或没有说出其中任何 1 种颜色	16~20月
	辨认 2 种颜色	红、黄、蓝、绿积木各 1 块	测试员在儿童面前逐一出示 4 种颜色，并问是什么颜色	P：能正确说出其中 2 种颜色 E：能说出其中 1 种或提示下能说出其中 2 种颜色 F：不能或没有说出其中任何 1 种颜色	22~26月

续表

评估 内容	评估项目	评估材料	评估方法	评估标准	参考 年龄
视觉辨认	找出2种不同的颜色	红、黄、蓝、绿积木各1块	测试员在儿童面前出示4种颜色的积木块，要求儿童找出其中两种颜色的积木块	P：能正确找出2种颜色积木块 E：能找出其中1种或提示下能找出2种颜色积木块 F：不能找出其中任何1种颜色积木块	35～38月
视觉记忆及重整	指出图形拼块的正确位置	形状拼板（圆形、正方形、三角形和模板）	测试人员将模板放在儿童面前（三角形的底边靠近儿童），将各种形状的拼块正面向上，放在模板与儿童之间，避免将各拼块放在与其形状相同的模板下面。 指向拼板并示意儿童将各拼块放进模板。 一段时间后，若儿童表现出不明白或有困难，测试员可用圆形拼块示范，然后将该拼块放回桌子上，并指示儿童将所有形状的拼块放进模板。 指示步骤： 1. 用圆形拼块示范 2. 用全部拼块示范 3. 用动作协助儿童尝试拼放全部拼块	P：无需示范，能将3个形状拼块放在模板的正确位置或其附近 E：最少将1个形状拼块放在正确位置或其附近；或需示范才尝试或完成此项目；或需将拼块逐块交给儿童才尝试或完成此项目 F：示范后仍不能、或没有尝试指示出不同形状拼块的正确位置	34～39月

续表

评估内容	评估项目	评估材料	评估方法	评估标准	参考年龄
视觉记忆及重整	指出动物拼块的正确位置	动物拼块及模板	测试员将动物模板放在儿童面前,动物拼块放在模板与儿童之间,避免将拼块放在对应的模板位置下。指向模板并指示儿童将各拼块放进去,但不要直接指向任何一个模板洞	P:无需示范便能指出3块拼块的正确位置。即使未能准确放入,但能将拼块放在正确位置附近 E:虽未能完全准确放入,但能正确指示出最少1块拼块的正确位置 F:示范后仍未能或没有尝试将拼块放在模板上	34~39月
	完成物品拼板	物品拼块（雨伞、小鸡、蝴蝶、梨子等）和模板	测试员将已完成的拼板放在儿童面前,取出所有拼块并将其中1块拼块交给儿童,指着模板指示儿童将拼块放进模板。完成后,再把另一块交给儿童,用同样的步骤测试剩下的拼块注意将各拼块以正面向上的方式交给儿童	P:无需示范便能完成4块拼块的拼板 E:最少能放入1块拼块,或需示范后才尝试或完成 F:示范后仍未能或没有放进任何拼块	45~49月
	完成动物拼图	剪成3块的小狗拼图	测试员将已完成的小狗拼图放在儿童面前,让儿童看3秒钟后拆开,要求儿童拼成小狗	P:无需示范便能完成小狗拼图 E:需示范后才尝试或完成 F:示范后仍未能完成	45~49月
	颜色积木配对	5块颜色积木(黄、红、蓝、绿、白)、颜色相同的纸板	测试员随意选出3块积木以及颜色相配的纸板,将纸板放在儿童面前,给儿童任意1块积木,并指向各纸板,利用语言指令和手势示意儿童将积木放在颜色相同的纸板上,必须避免说出颜色名称	P:无需示范,能把5种颜色正确配对 E:至少完成1种颜色配对;或需示范才能去尝试或完成此项目 F:未能或没有配对任何颜色	45~49月

续表

评估内容	评估项目	评估材料	评估方法	评估标准	参考年龄
视觉记忆及重整	杯下寻物	小糖果、3只不透明杯子	测试员将3只杯子倒扣在桌上,排成一排,吸引儿童的注意。开始第一次测试:将1颗糖果藏在中间的杯子里,慢慢将它与右边的杯子交换位置,然后指示儿童寻找糖果。 若儿童没有明白测试员的动作,就拿起右边的杯子,出示糖果,然后将糖果重新放在中间的杯子里,重复以上步骤1次,再指示儿童寻找糖果。 接着开始第2次测试。将糖果藏在测试员左边的杯子里,慢慢与中间的杯子交换位置,指示儿童寻找糖果。 然后进行第3次测试,将糖果放在右边的杯子里,然后和左边的杯子交换位置,指示儿童去寻找糖果	P:3次测试中有2次能找出糖果 E:3次测试中有1次能找出糖果 F:未能或没有尝试去寻找糖果	58~62月
视觉偏好	对图画感兴趣	测试用书(有图画的部分)或其他彩色儿童图画	测试员将图画书放在儿童面前的桌子上,并观察儿童的反应一段时间后,若儿童没有翻看书本,便鼓励儿童去做,说:"看看图画书吧。"观察儿童如何翻看书本	P:观看图书,对图书内的图画感兴趣(翻开书本,逐页翻看,专心注视着图画) E:观看图书,但对图书内的图画没有很大兴趣(翻开书本粗略地看画页而非专心注视图画;或每次翻动数页) F:虽经多次鼓励,但仍没有翻开画册	20~25月

续表

评估 内容	评估项目	评估材料	评估方法	评估标准	参考 年龄
视觉偏好	表现出使用惯用眼	万花筒	测试员示范如何观察万花筒,让儿童模仿,注意观察儿童是否表现出使用惯用眼(即儿童持续地使用同一眼睛观看万花筒)	P:表现出使用惯用眼(持续地使用同一眼睛观看2秒以上,而且2次也使用同一眼睛) E:开始表现出使用惯用眼(第一次用左/右眼,都是持续观看2秒以上,或以同一眼观看少于2秒) F:没有惯用眼(2次尝试分别以不同眼睛观看,不能持续2秒)	30~36月

注:★代表观察项目

没有任何标注的为直接评估项目

表3-8 自闭症儿童听觉发展评估表

评估 内容	评估项目	评估材料	评估方法	评估标准	参考 年龄
听觉反应	叫名字有反应★		在日常观察或询问家长:叫儿童名字能否引起儿童注意	P:能引起反应,如停止动作、注视、头部转动、仰头、笑 E:偶尔有反应 F:无任何反应	0~6月
	对突发声作出反应	摇铃	在儿童不注意时,快速摇铃5下(响声不要太大,若太大,用手进行控制)	P:对声音作出反应,如静下来、突然受惊、睁大眼睛、眨眼、眼珠转动、身体抽动一下、嘴动、头扭动、有哭相、哭闹 E:对声音作出轻微反应 F:无任何反应	0~6月

续表

评估内容	评估项目	评估材料	评估方法	评估标准	参考年龄
听觉反应	听到两侧或身后响声,头会转向声源	摇铃	在儿童不注意时,在儿童头的两侧摇铃或发出响声或走到其背后摇铃5下	P:听到声音后,头向后转,并且头和眼睛转动来寻找声音的方向 E:对声音的反应迟缓轻微 F:对声音无反应	3~6个月
听觉注意	注意声音★		在日常观察或询问家长:母亲的声音能否引起儿童注意。	P:哺乳停止或动作减少 E:偶尔有反应 F:无任何反应	0~6月
	专心聆听音叉响声	音叉	在儿童背后,慢慢接近,尽量把音叉保持在儿童视野范围以外,大约距离儿童耳朵10厘米,两边都要测试。用有颜色的盒子来吸引儿童的注意力,以防其目光跟随着那些移动的人	P:表现出有聆听的征象,有些儿童马上听到,并且将头转向有声音的一面 E:对声音的反应迟缓轻微 F:对声音无反应	5~6月
	专心聆听秒表★		测试员将秒表放在儿童视野以外,距离儿童5~10厘米处,开始测试,两边都要检查。检查者或母亲可用耳语来诱导儿童聆听	P:表现出有聆听的征象,并且至少将头转向声音来源的其中一边 E:对声音有轻微反应 F:对声音无反应	8~9月
听觉辨别	别人叫自己名字时会作出反应,对其他名字则没有反应▲		在评估期间,当儿童正进行活动时(如游戏、进食),在较远处喊其名字,并观察反应。过一会儿,再叫另外一个名字,观察儿童反应	P:2次或以上只对自己名字有反应(如转头望、停止活动);对其他名字则没有反应 E:偶尔对自己名字有轻微反应 F:对名字无反应	6~12月
			在日常观察或询问家长:别人叫儿童名字时其有什么反应?叫其他名字时又有什么反应?		

续表

评估内容	评估项目	评估材料	评估方法	评估标准	参考年龄
听觉辨别	聆听响板声及转向声源	响板	在儿童注意测试员时，或在两个测试项目之间的间隙，将响板放在儿童看不见的地方（测试员背后或桌子下），抖动响板一次（维持数秒），观察儿童反应。若儿童对声音有反应，但没有转向声源，测试员可以问其为什么有那样的反应，看儿童是否能指出声音的来源	P：能聆听和转向声源；或指出声源 E：对声音有轻微反应（可能会抬起头，但未能转向声源） F：对声音没有反应	7~15月
	聆听哨子声及转向声源	哨子	在儿童没有注意测试员时，或在两个测试项目的间隙，将哨子藏于掌中，然后用力吹响，观察儿童反应。注意：收放哨子的动作不要过大，以免儿童看见，阻碍检查听觉反应	P：对声音有明显的正确反应，能正确地转向声源，儿童的反应包括语言反应（如问是什么声音）及非言语反应（如眨眼、面部表情改变或将头转向声源） E：表现出听到声音，但没有转向声源或转向方向不正确 F：无反应	7~15月
	聆听摇铃声及转向声源	摇铃	在儿童注意测试员时或在两个测试项目之间，将摇铃放在儿童看不见的地方（测试员背后或桌子下），弄响摇铃，观察儿童反应。若儿童对声音有反应，但没有转向声源，测试员可以问其为什么有那样的反应，看儿童是否能指出声音的来源	P：有清楚的对声音的反应，儿童的反应包括语言反应（如问是什么声音）及非言语反应（如眨眼、面部表情改变、跳起、哭或将头转向声源） E：有听到声音的表现，但没有转向声源或转向方向不正确 F：没有显示出是否听到声音（语言或非语言的显示）	7~15月

续表

评估内容	评估项目	评估材料	评估方法	评估标准	参考年龄
听觉辨别	分辨声音的长、短、强、弱、快、慢	小喇叭和小鼓各1只	在儿童面前用小喇叭吹出长音、短音,让儿童进行辨别说出(或指出);或用力击、轻轻击、快击、慢击鼓,让儿童辨别鼓音的强弱与快慢。	P:从声响中可以正确分辨出2种喇叭声或鼓声 E:提示下正确区分出2种喇叭声或鼓声 F:不能分辨出喇叭声或鼓声的不同	24~36月
	分辨生活中和自然界的各种声音	门铃声、冲水声、下雨声、雷声、狗叫声、猫叫声等声音的录音及对应声音的图片	播放门铃声、冲水声、下雨声、雷声等其中2种声音,逐一问儿童是什么发出的声音,让儿童找出对应的图片	P:正确找出2种与声音对应的图片 E:能找出1种与声音对应的图片或提示下找出2种正确的图片 F:不能正确找出对应图片	24~36月
	辨听常见的乐器声	钢琴声、鼓声等声音的录音	播放钢琴声、鼓声等2种声音,问儿童这是什么发出的声音,让儿童找出对应的2种图片	P:正确找出2种与声音对应的图片 E:能找出1种与声音对应的图片或提示下找出2种正确的图片 F:不能正确找出对应图片	36~48月
	分辨2种以上的铃声或节奏音	摇铃、音叉和沙锤各1个或其他铃声的录音(如电话铃声、打字机声、自行车铃声、汽车喇叭声)	测试员先在儿童面前摇摇铃,要求其仔细听并记住摇铃的声音;接着再让其听音叉和沙锤的声音。然后在儿童背后分别摇摇铃、音叉和沙锤,并让儿童说出哪个是摇铃发出的声音,哪个是音叉和沙锤发出的声音。也可以用其他声音代替	P:可以正确分辨出2种以上的铃声 E:只能正确区分出1~2种铃声 F:不能分辨各种铃声	48~60月

注：★代表观察项目

▲代表观察或直接评估项目

没有任何标注的为直接评估项目

表3-9 自闭症儿童触觉发展评估表

评估内容	评估项目	评估材料	评估方法	评估标准	参考年龄
触觉反应	对东西碰撞身体时,作出适当的反应▲	布娃娃	测试员向儿童背部扔一个布娃娃,观察儿童是否有转头的反应	P:身体被布娃娃碰撞后作出明显反应 E:反应迟缓或轻微 F:没有反应	3~6月
			在日常生活中或评估期间观察;或询问家长	2次或以上作出反应除外	
	对3种不同触觉刺激作出反应★		在日常生活中或评估期间观察;或询问家长:儿童对不同的触觉刺激有反应吗?是什么触觉刺激?有什么反应? 注:如果家长不能举出儿童有反应的3种触觉刺激或不明白问题,就列举一些例子供其参考	P:对3种不同质地的材料(如粗糙的刷子或梳子、柔软的毛巾或棉花、沙或水)作出反应(如面部表情转变、手脚较为紧张、手脚慢慢退缩以避开物品、手脚伸向物品) E:对其中的1~2种材料反应正常 F:对3种材料反应过敏或过于迟钝,如手脚猛然退缩、身体过分抽紧或对上述任何材料或其他材料表现过分抗拒	0~12月
	对自己的衣物湿了有反应★	小半杯水	测试员将儿童的衣袖打湿一小片,观察儿童是否有抓拿衣袖或哭喊的反应	P:反应正常,如抓拿衣袖 E:反应轻微,如看一眼 F:反应过敏或过于迟钝	12~24月

续表

评估内容	评估项目	评估材料	评估方法	评估标准	参考年龄
触觉辨别	凭触觉配对物品	一样大小的海绵球及硬塑胶球各1个，小布袋1个	把儿童的眼睛蒙起来，先让儿童触摸海绵球，告诉儿童这个球是软的。把海绵球放入已装着硬塑胶球的小布袋，说："这里有两个球，有一个是软的，你把它拿出来。"	P：正确取出海绵球 E：提示或示范后取出海绵球 F：不能取出海绵球或没有反应	2~3岁
	凭触觉挑选常见物品	布袋、小车、牙刷、玩具球各1个	把儿童的眼睛蒙起来，将所有物品放入小布袋里，然后让儿童把手伸入小布袋中摸索物品，说："你用手摸一摸，把小车拿给我。"把小车放回袋中，再测试其他2种物品，每次都将物品放回袋中。（顺序：车、牙刷、球）	P：按指示正确拿出物品 E：示范或提示后正确拿出物品 F：不能正确拿出物品或无反应	24~36月
	凭触觉区分轻重	小木块和小铁块各1个	将相同体积的木块和铁块放在桌上，让儿童拿一拿木块，再拿一拿铁块，提问："哪个轻，哪个重？"观察并记录儿童的回答	P：能正确说出（或用手指示）木块轻、铁块重 E：能说出一半正确答案，或在提示下说出完整答案 F：不能正确区分	36~48月
	凭触觉区分干湿	干毛巾和湿毛巾各1条	让儿童摸一摸干毛巾、湿毛巾，提问："哪条毛巾干，哪条毛巾湿？"观察儿童是否能说出（指出）	P：能正确说出（或指出）对应答案 E：能说出一半正确答案，或在提示下说出完整答案 F：不能正确区分	36~48月

续表

评估内容	评估项目	评估材料	评估方法	评估标准	参考年龄
触觉辨别	触摸物体的形状	圆形的杯子、长方形的盒子、细皮筋和铅笔等各1个	把儿童的眼睛蒙起来，先将圆形的杯子和长方形的盒子摆放在桌上，问："杯子是什么形状？盒子是什么形状？"再拿出铅笔和细皮筋，问："哪一个粗，哪一个细？"	P：能说出（或指出）4个正确答案 E：能说出3个以下正确答案，或提示下说出全部答案 F：不能说（指）出1个正确答案	48~60月
触觉记忆	触摸物体，按大小排列	弹子球、乒乓球、小皮球各1只	把儿童的眼睛蒙上，让儿童触摸不同大小的弹子球、乒乓球、小皮球，将它们按从小到大（从大到小）的顺序排列	P：能正确排出3个球的顺序 E：能正确排出2个球的顺序或提示下全部排出 F：不能排出正确顺序	60~72月
	触摸物体，按轻重排列	海绵块、木块、铁块等不同重量的物品各1个	把儿童的眼睛蒙上，让儿童触摸不同轻重的海绵块、木块、铁块，将它们按从轻到重（从重到轻）的顺序排列	P：能正确排出3块的顺序 E：能正确排出2块的顺序或提示下全部排出 F：不能排出正确顺序	60~72月

注：★代表观察项目

▲代表观察或直接评估项目

没有任何标注的为直接评估项目

表3-10　自闭症儿童味觉发展评估表

评估内容	评估项目	评估材料	评估方法	评估标准	参考年龄
味觉反应	对3种不同味道作出反应★		在日常生活或评估期间观察；或询问家长："儿童对不同的味道有反应吗？是什么味道或什么反应？"注：如果家长不能自己列举出有反应的3种味道，或不明白问题，则说出一些例子供其参考	P：对3种味道（如甜、咸的汤水或薯条，酸的果汁，苦的药水）作出正确反应（如面部表情作出转变、舔嘴唇或舔舌头或吐出舌头） E：对其中1~2种味道能作出正确反应 F：对3种味道都不能作出正确反应，沉迷、过敏或迟钝	0~12月

续表

评估内容	评估项目	评估材料	评估方法	评估标准	参考年龄
味觉辨别	分辨酸、甜味道	准备酸、甜2种味道的食物的（如酸梅、甜饼干）	分别让儿童品尝,提问:"哪种食物是酸的?哪种食物是甜的?"观察儿童能否说出	P:能正确辨认酸、甜味道 E:能说出或指出其中1种味道或在提示下全部辨别出 F:2种味道都不能说出或指出	12~24月
	分辨咸、苦味道	准备咸、苦2种不同味道的食物（如咸饼干、黄连素药粉）	测试员分别让儿童品尝,提问:"哪种食物是咸的?哪种食物是苦的?"观察儿童能否说出	P:能正确辨认咸、苦味道 E:能说出或指出其中1种味道或在提示下全部辨别出 F:2种味道都不能说出或指出	12~24月
	辨别食物冷热	准备冷开水和温开水各1杯	分别让儿童喝冷开水和温开水,问:"哪杯水冷,哪杯水热?"观察并记录儿童是否能分别指出冷开水、温开水	P:能正确说出(指出)冷开水和温开水 E:能说出或指出其中1个或在提示下全部辨别出 F:冷热都不能说出或指出	24~36月
味觉记忆	辨别各种味道的浓和淡(如:甜味)	准备浓糖水和淡糖水各1小杯	分别让儿童品尝,问:"哪杯糖水味道浓,哪杯糖水味道淡?"观察并记录儿童是否能指出(说出)	P:能正确说出(指出)浓糖水和淡糖水 E:能说出或指出其中1个或在提示下全部辨别出 F:2杯都不能说出或指出	36~48月
	辨别食物的软、硬和滑、粗	准备汤圆和糙米饭	分别让儿童品尝汤圆和糙米饭,问:"哪种食物滑?哪种粗糙?"观察记录(可在日常生活中测试观察)	P:能正确说出(指出)汤圆滑、糙米饭粗糙 E:能说出或指出其中1种或在提示下全部辨别出 F:2种都不能说出或指出	48~60月

续表

评估内容	评估项目	评估材料	评估方法	评估标准	参考年龄
味觉记忆	识别混合味道的食物	准备鸡蛋饼或苹果烙各一份	让儿童品尝鸡蛋饼或苹果烙，提问："你吃的是什么食物？"观察记录	P：能正确说出（指出）鸡蛋饼（苹果烙）名称 E：在提示下说出（比划出）名称 F：不能说出或比划出名称	60~72月

注：★代表观察项目

没有任何标注的为直接评估项目

表3-11　自闭症儿童嗅觉发展评估表

评估内容	评估项目	评估材料	评估方法	评估标准	参考年龄
嗅觉反应	对3种不同气味作出反应★		在日常生活中或评估期间观察；或询问家长："儿童对不同的气味有反应吗？是什么气味或什么反应？" 注：如果家长不能自己举出有反应的3种气味，或不明白问题，则说出一些例子，供其参考	P：对3种气味作出正确反应（如面部表情作出转变、头部转移以避开或发出声音） E：对其中1~2种气味能作出正确反应 F：对3种气味都不能作出正确反应，沉迷、过敏或迟钝	0~12月
嗅觉辨别	分辨香、臭气味	准备香水和臭豆腐各1份	拿出少量香水和臭豆腐，让儿童闻一闻，问："哪个是香的，哪个是臭的？"	P：能正确说出（指出）香水是香的，臭豆腐是臭的 E：说出（指出）1种或提示下说出（指出）2种。 F：不能正确说出或指出任1种	12~24月
	依气味配对	准备樟脑丸、臭豆腐、香水、香皂等	让儿童把相同气味的放在一起	P：能正确摆放樟脑丸和臭豆腐及香水和香皂 E：能摆放1对或提示下完成全部 F：不能完成任务	48~60月

续表

评估内容	评估项目	评估材料	评估方法	评估标准	参考年龄
嗅觉记忆	根据气味,指出或说出常见的食物	准备蛋糕、巧克力各1份	蒙住儿童眼睛,闻气味,问:"哪个是蛋糕,哪个是巧克力?"	P:能正确说出(指出)蛋糕、巧克力 E:能说出(指出)1种或提示下说出(指出)2种 F:不能正确说出或指出任1种	24~36月
	根据气味,说出两种水果的名称	准备香蕉和苹果各1份	蒙住儿童眼睛,闻气味,问:"哪个是香蕉,哪个是苹果?"	P:能正确说出(指出)香蕉和苹果 E:能说出(指出)1种或提示下说出(指出)2种 F:不能正确说出或指出任1种	24~36月

注:★代表观察项目

没有任何标注的为直接评估项目

3. 自闭症儿童运动能力发展评估表

自闭症儿童运动能力发展评估主要是从自闭症儿童的粗大动作、精细动作两个方面开展。感觉统合训练计划的设计与实施需要在充分了解自闭症儿童运动发展能力的基础上进行,这样有助于自闭症儿童的训练顺应最近发展区理论,使训练效果达到最优化。

粗大动作领域评估项目共72项,分为姿势、移动与操作三部分(见表3-12、3-13、3-14),主要评估儿童坐姿、站姿以及爬、坐、站立、行走、跑、跳、推、端、抛、接、踢、击、拍等动作的平衡性、协调性等。

精细动作领域评估项目共66项(见表3-15),主要评估儿童摆弄物品、基本操作能力、双手配合、手眼协调、握笔写画以及工具使用的能力现状和需求。

运动能力发展评估领域的评分有"通过(P)""中间反应项(E)""不通过(F)""X"四个级别,见表3-6。

　　每个学年进行三次评估，第一次评估是为制定康复训练目标进行的基线评估，第二次、第三次评估既是对康复训练效果评估的阶段性评估，也是为调整后续康复训练目标服务的诊断性评估。为便于观察自闭症儿童每个领域的康复训练效果，需将第二次、第三次的评估结果依次转化为第一次和第二次的康复训练效果。

　　训练效果分为三级：显效、有效、无效。训练前"中间反应项（E）"，训练后评估为"通过（P）"为显效；训练前评估"不通过（F）"项目，训练后评估为"中间反应项（E）"则为有效；各项目训练前后没有变化的为无效。

表 3-12　自闭症儿童粗大动作评估表——姿势动作评估

评估内容	评估项目	评估材料	评估方法	评估标准	参考年龄
坐姿	坐姿，双手离地，转动躯干	玩具	测试员将玩具放在儿童身后，说："转过来拿玩具。"左右各一次	P：躯干转 180 度，转身时双手离地（双侧） E：躯干转 180 度，转身时双手离地（单侧） F：转身后双手离地无法保持平衡	7~8月
	扶桌子由站转至坐地▲	桌子高度在儿童腰部至肩膀之间	测试员扶儿童站在桌旁，玩具放在地上，对儿童说："坐下玩玩具。"	P：扶着桌子慢慢屈膝坐在地上 E：需他人扶持能扶着桌子慢慢屈膝坐在地上 F：无反应	10~12月
	坐矮凳上弯腰拣拾地上玩具	矮凳（凳高约及儿童膝部）、玩具	儿童坐在矮凳上，测试员示意其拾起地上玩具，说："把玩具捡起来。"	P：弯腰捡起玩具并保持平衡 30 秒以上 E：弯腰捡起玩具并保持平衡 15~29 秒 F：弯腰捡起玩具，无法保持平衡	12~24月
站姿	独自站立 5 秒★	秒表	观察儿童日常反应，测试员计算站立时间	P：独自站立达 10 秒 E：独自站立 5~9 秒 F：独自站立不足 5 秒	12~24月

续表

评估内容	评估项目	评估材料	评估方法	评估标准	参考年龄
站姿	站立时能弯腰拣拾地上物品 ▲	玩具	儿童站立,测试员放玩具在地上,对其说:"捡起来。"	P:站立时能弯腰拾起玩具,然后站直,并保持身体平衡 E:独自站立,捡拾物品后短暂保持平衡 F:独自站立,弯腰捡拾物品后无法保持身体平衡	12~24月
单脚站	单脚站5秒●	秒表	测试员示范单脚站,另一腿屈膝,双手叉腰。对儿童说:"两手叉腰,像我这样一只脚站。"观察儿童动作表现	P:双手叉腰,无任何扶持,左脚或右脚单脚站5秒 E:双手叉腰,无任何扶持,左脚或右脚单脚站2~4秒 F:单脚站不足2秒或需要扶持才能单脚站,或无法模仿测试员动作	30~48月
	单脚站10秒,左右脚轮流●	秒表	测试员示范单脚站,另一腿屈膝,双手叉腰。说:"两手叉腰,像我这样一只脚站。"观察儿童动作表现	P:双手叉腰,无任何扶持,左右脚均能站10秒。身体晃动不超过20度 E:双手叉腰,无任何扶持,左脚或右脚单脚站5~9秒。身体晃动不超过20度 F:单脚站不足5秒或不能换脚,或身体晃动超过20度,或无法模仿测试员动作	53~60月
脚尖站	脚尖站8秒●	秒表	测试员示范脚尖站,同时双手举过头保持3秒。然后对幼儿说:"把两手举过头,然后像我这样脚尖站。"计时	P:脚尖站8秒,双手举过头,脚不移动,身体晃动不超过20度 E:脚尖站5~7秒,双手举过头,脚不移动,身体晃动不超过20度 F:脚尖站小于5秒,或晃动幅度大于20度,或无法模仿测试员动作	43~52月

注:★代表观察项目

▲代表观察或直接评估项目

●代表同时考察儿童模仿能力的项目

没有任何标注的为直接评估项目

表 3-13 自闭症儿童粗大动作评估表——移动动作评估

评估内容	评估项目	评估材料	评估方法	评估标准	参考年龄
爬行	灵活爬行 ▲	地垫	测试员将儿童以手膝位放在平面上,将玩具放在距儿童前方1.5米处,说:"拿玩具。"当儿童接近时将玩具后移	P:以交叉模式(一侧上肢与另侧下肢一起移动)手膝向前爬行1.5米 E:以交叉模式手膝向前爬行1.2米,或以非交叉模式爬行1.5米 F:匍匐爬,或未移动	9~10月
爬行	爬上楼梯	玩具	儿童坐在楼梯下,面对楼梯。测试员将玩具放在第3个台阶上,测试员对儿童说:"去拿玩具。"必要时在儿童接近后将玩具移到上一层。做好准备在儿童失去平衡时及时抓住儿童,避免危险。如儿童站起身拿玩具,可示范其爬上楼梯的动作	P:以手膝爬上2个台阶,拿到玩具 E:以手膝爬上1个台阶 F:没有爬的动作	12~24月
	爬下楼梯		让儿童双膝跪在第4个台阶上,双手扶第5个台阶。测试员站在下面对其说:"到我这来。"必要时后退	P:独自倒退爬下3个台阶 E:独自倒退爬下1~2个台阶 F:没有爬的动作,仍在第4个台阶上	12~24月
坐	臀部移动 ●	玩具	儿童坐在地面,测试员坐在其身旁,示范用双手驱动,臀部向前移行,拿放置在前方地上的玩具,然后对儿童说:"像我一样去拿玩具。"	P:保持坐姿,用手和腿向前移动90厘米 E:保持坐姿,用手和腿向前移动30~60厘米 F:向前移动小于30厘米	9~10月
	坐位转圈	玩具	儿童坐在地上。测试员将玩具放在其身体右侧60厘米处,对其说"转过去拿玩具",观察其运动。左侧重复一次	P:以臀部为轴,以上下肢驱动身体90度(左右两侧) E:以臀部为轴,以上下肢驱动身体90度(单侧) F:转体小于90度	9~11月

续表

评估内容	评估项目	评估材料	评估方法	评估标准	参考年龄
站立	坐姿站起 ●		测试员示范由坐姿站起：先交叉两腿坐于地面，然后将手掌放在身体两侧地板上，双手向下用力，上臂伸直，重心转移在脚上。最后站起来时，向左右两侧转身不超过20度。对儿童说："像我一样站起来。"	P：站起，转身不超过20度 E：站起，转身21~90度 F：转身大于90度，或没能站起	12~24月
	由蹲站起	玩具	测试员用玩具吸引儿童由蹲站起，说："站起来玩玩具。"	P：由蹲至站起，不需手扶身旁物品，站立后保持平衡 E：由蹲至站起，需手扶身旁物品，站立后保持平衡 F：由蹲至站起，需手扶身旁物品，站立后无法保持平衡	12~24月
	站姿动作模仿 ●		测试员与儿童面对面站，说："我用手臂做动作，你照着做。"试做一次，看儿童是否理解。然后做出4种手臂姿势，每种姿势间隔1秒。观察儿童动作。	P：能正确模仿其中2种 E：能正确模仿1种姿势 F：不能正确模仿任何姿势	18~26月
	往前跌时做出向前踏步反应 ▲	地垫	儿童站在地垫上。测试员轻轻向前推儿童并说："站稳了，不要被我推倒。"	P：向前踏步后，保持稳定站立 E：向前踏步，但不能保持稳定站立 F：没有向前踏步反应	12~24月
	往侧跌时做出向旁踏步反应 ▲	地垫	儿童站在地垫上。测试员轻轻在其身旁推儿童，并说："站稳了，不要被我推倒。"	P：向两侧踏步后，保持稳定站立。（左右均完成） E：向两侧踏步，但不能保持稳定站立，或只有单侧有踏步反应 F：没有向侧踏步反应	24~36月

续表

评估内容	评估项目	评估材料	评估方法	评估标准	参考年龄
站立	往后跌时做出向后踏步反应▲	地垫	儿童站在地垫上。测试员轻轻在其身前推儿童，并说："站稳了，不要被我推倒。"	P:向后踏步后,保持稳定站立 E:向后踏步,但不能保持稳定站立 F:没有向后踏步反应	24~36月
	单脚站,一边6秒,一边3秒●		测试员示范单脚站,并且一边单脚站一边数数,一只脚数到6,然后换另一只脚,单脚站数到3。然后示意儿童模仿,测试员计时	P:能够在不扶持的情况下轮流换脚站,一只脚单脚站6秒,另一只脚单脚站3秒 E:一只脚单脚站后无法轮流换脚,或者换另一只脚站后无法坚持3秒 F:一只脚站无法坚持6秒	60~72月
行走	扶一手走▲		测试员站在儿童身旁,握住儿童的一只手或让儿童握住自己的一根手指。对儿童说："一起走。"观察儿童步态及行走距离	P:交替迈步走2.5米 E:两脚交替迈步1~2米 F:行走不足1米	12~16月
	独自行走5步	玩具	测试员站在儿童面前60厘米左右,用玩具吸引其注意,对儿童说："来拿玩具。"随着儿童向前行进,测试员向后退步,让儿童始终拿不到玩具,吸引其继续行进	P:独自行走5步 E:独自行走1~4步 F:站着不动或者坐下	12~24月
	双手抱大玩具向前行走	直径20厘米的玩具球	测试员给儿童一个20厘米的玩具球,让他拿着球向前走。站在3米外对儿童说："拿着球过来。"	P:双手拿球行走3米 E:双手拿球行走1~2步 F:双手拿球行走不足1米	12~24月

续表

评估内容	评估项目	评估材料	评估方法	评估标准	参考年龄
行走	侧向行走●		测试员面向儿童演示以同一只脚引导向侧方迈步走3米。对儿童说:"像我一样走。"	P:以同一只脚引导,向侧方走3米 E:侧方行走1.2~2.7米,其中一半过程是由同一只脚引导的 F:站着不动,或以非侧向行走方式走或不去模仿测试员动作	21~22月
	走直线●	贴在地上的直线,长2.4米,宽0.1米	测试员演示走一段直线,一脚在线上,另一脚在旁边,将儿童放在线的一端,说:"像我一样走在线上。"	P:一只脚在线上,一只脚在旁边,走直线1.8米 E:一只脚在线上走1.2~1.5米 F:一只脚在线上走不足1.2米或不去模仿测试员动作	21~22月
	扶物上楼梯▲	玩具	儿童面对一段楼梯站好,靠近栏杆或墙。测试员将玩具放在第6个台阶上,测试员站在儿童背后,说:"上去拿玩具。"	P:扶墙或栏杆走上4个台阶,每个台阶可上一只脚或两只脚 E:扶墙或栏杆走上1~3个台阶 F:未移动或以手膝爬上台阶	18~36月
	扶物下楼梯▲		将儿童放在一段楼梯的第4个台阶上,让他靠近墙或栏杆。测试员站在儿童身旁,把手伸给儿童。说:"我们一起下楼梯。"	P:靠牵着手下4个台阶 E:靠牵着手下楼梯2~3个台阶 F:站着不动,或蹲下坐着下楼梯	18~36月
行走	在15厘米宽的平衡木上交替行走●	15厘米宽、1.8米长的平衡木,平衡木离地10厘米	测试员示范在平衡木上行走,然后示意儿童模仿	P:在平衡木上双脚交替行走1.8米 E:在平衡木上行走1~1.5米 F:在平衡木上行走不足1米	24~36月

续表

评估内容	评估项目	评估材料	评估方法	评估标准	参考年龄
行走	两步上一级楼梯（不扶物）▲	玩具	儿童面对一段楼梯站好，双脚靠近台阶中央。测试员将玩具放在第6个台阶上，测试员站在儿童背后，说："不扶着，自己上去拿玩具。"	P:不扶墙或栏杆走上4个台阶，两步上一个楼梯 E:扶墙或栏杆走上4个台阶 F:未移动，或以手膝爬上台阶	24~36月
	两步下一级楼梯（不扶物）▲		将儿童放在一段楼梯的第4个台阶上，让其靠近墙或栏杆。测试员站在儿童下面的2个台阶处，说："走下楼梯。"儿童开始下楼时测试员往下一层退	P:不扶墙或栏杆走下4个台阶，每个台阶2步 E:不扶物走下1~3个台阶 F:未移动，或扶着墙或栏杆下楼梯	24~36月
	一步上一级楼梯▲	玩具	儿童面对一段楼梯站好，双脚靠近台阶中央。测试员将玩具放在第6个台阶上，测试员站在儿童背后，说："不扶着，自己上去拿玩具。"	P:一步上一个楼梯，不扶墙或栏杆走上6个台阶 E:一步上一个楼梯走上4个台阶，间或需要扶物 F:未移动，或以手膝爬上台阶，或两步上一个台阶	36~48月
	一步下一级楼梯▲		将儿童放在一段楼梯的第4阶台阶上，让其靠近墙或栏杆。测试员站在儿童下面的2个台阶。说："走下楼梯。"儿童开始下楼时测试员往下一层退	P:不扶墙或栏杆走下4个台阶，每个台阶1步 E:不扶物走下1~3个台阶，间或两步下一个台阶 F:未移动，或扶着墙或栏杆下楼梯	36~48月
	踮脚走10步●	地上贴直线	测试员双手叉腰，演示在地上的直线上踮脚走。对儿童说："像我这样，手叉腰，踮起脚尖走10步。"	P:双手叉腰，踮脚尖走10步 E:双手叉腰，踮脚尖走4~9步 F:踮脚尖走1~3步	36~48月
	在平地上倒退走直线5步●	地上贴直线	测试员演示双手叉腰，足趾跟着足跟，踩在直线上向后走。对儿童说："像我这样，手叉腰，脚趾头碰脚后跟，尽量踩着线走。"观察儿童的平衡、脚踩的位置及踩线走的距离	P:双手叉腰，脚趾碰足跟，每一步都踩在线上，后退走5步 E:双手叉腰，脚趾碰足跟，每一步都踩在线上，后退走2~4步 F:后退走不足2步	48~52月

续表

评估内容	评估项目	评估材料	评估方法	评估标准	参考年龄
行走	脚尖贴脚后跟走3米●	地上贴2条相距3米长的直线	测试员先示范脚尖贴脚后跟走,然后对儿童说:"像我这样,双手叉腰,脚尖贴脚后跟走,从这条直线走到那条直线。"	P:双手叉腰,脚尖贴脚跟走3米 E:双手叉腰,脚尖贴脚跟走1~2米 F:脚尖贴脚跟走不足1米	48~60月
	脚后跟行走3米●	地上贴2条相距3米长的直线	测试员先示范用脚后跟行走,然后对儿童说:"像我这样,双手叉腰,用脚后跟走,从这条直线走到那条直线。"	P:双手叉腰,用脚跟走3米。 E:双手叉腰,用脚跟走1~2米 F:用脚跟走不足1米	48~60月
跳跃	手扶弹跳		测试员弯腰或蹲下,扶儿童面朝自己站立。让儿童握住食指,食指高度与儿童肩部持平。上下移动手2次,鼓励儿童跳	P:屈膝跳3次 E:屈膝跳1~2次 F:腿僵直或坐下	10月
	原地向上跳,离地5厘米●		测试员示范双脚一起向上跳,先屈膝,然后身体起跳。对儿童说:"像我这样跳。"	P:向上双脚起跳离地5厘米 E:双脚起跳稍稍离地,或者单脚起跳5厘米 F:脚趾没有离开地面	24~36月
	向前跳10厘米●	贴在地上的直线60厘米长、5厘米宽	测试员演示双脚起跳和落地,从起跳线向前跳10厘米。将儿童放在线后,脚趾挨着线。说:"像我一样跳。"然后测量后脚跟接触地面处到起跳线之间的距离	P:向前跳出10厘米,并能保持平衡 E:向前跳不足10厘米,且能保持平衡 F:向前走或跳后跌倒,或不去模仿测试员动作	24~36月
	站在楼梯或台阶上向下跳●	10厘米高的台阶,台阶宽度最少50厘米	测试员示范从台阶上双脚跳下,然后示意儿童模仿。协助儿童站在台阶上,说:"双脚一起跳到地上。"	P:不需辅助双脚起跳着地后能保持平衡 E:双脚起跳着地后不能保持平衡 F:单脚跳下,或无法模仿此动作	24~36月

续表

评估内容	评估项目	评估材料	评估方法	评估标准	参考年龄
跳跃	跳上5厘米高的台阶●	5厘米左右台阶	测试员示范双脚一起跳上台阶，先屈膝，然后身体跳起。说："像我这样跳上台阶。"	P:双脚一起向上跳5厘米台阶 E:双脚跳起稍稍离开地面，或单脚跳上台阶 F:脚趾未离开地面，或不去模仿测试员动作	36~48月
	跳过高度25厘米的栏杆●	高25厘米的栏杆	测试员示范后让儿童模仿，说："双脚跳过这个栏杆。"	P:双脚起跳，跳过栏杆后保持平衡 E:单脚跳过栏杆后保持平衡 F:脚趾未离开地面，或迈过栏杆	48~60月
	左右跳3次●	地上贴或画一条竖线	测试员让儿童站在竖线的一侧，先示范儿童如何从一侧跳向另一侧再跳回来。然后对儿童说："像我一样双脚跳到线的另一边，然后跳回来，连续跳3次。"	P:双脚同时横向跳，跳过地上的划线，连续3次，中途停顿不超过3秒 E:横向跳过划线，无法连续3次，或中间停顿超过3秒 F:无法横向跳过划线	48~60月
	向前跨跳一步●	2块地垫（30厘米×30厘米）	测试员将2块地垫前后拼在一起，示范跨过地垫，然后示意儿童模仿	P:跨过2块地垫，左右脚均完成 E:左右脚之中有一只脚无法跨过地垫，或踩在地垫上 F:从地垫走过	48~60月
	连续跨马跃步10步●	地上前后相距3米贴两条直线	测试员先示范跨马跃步，然后对儿童说："像我这样像马儿一样跳。"	P:连续跨马跃步，左右各10步，左右均能完成 E:左右脚之中有一只脚无法跨马跃步 F:无法模仿跨马跃步	48~60月

右上角：续表

评估内容	评估项目	评估材料	评估方法	评估标准	参考年龄
跳跃	连续侧滑步3米●	地上左右相距3米贴两条直线	测试员站在一条线的一边，然后用侧滑步至另一条线。侧滑步的过程中双脚中间离地。测试员为儿童示范后，示意儿童模仿。说："像我刚才那样滑步，由这条线滑步到那条线。"	P：连续侧滑步，左右各3米，左右均能完成，中间停顿不超过3秒 E：左右脚之中有一只脚无法侧滑步，或中间停顿超过3秒 F：无法模仿侧滑步	48~60月
	连续向后跳10次●		测试员示范双腿一起向后跳，让儿童仔细观察。然后对儿童说："像我一样向后跳10次。"	P：双脚同时起跳向后跳10次，双脚同时离地 E：双腿同时起跳向后跳5~9次，或双脚先后离地 F：向后跳低于5次，或无法向后跳	60~72月
	连续单脚跳8次●		测试员先示范抬高一条腿，另一条腿向前跳。然后对儿童说："抬高左脚，用右脚跳8次。然后抬高右脚，用左脚跳8次。"	P：单脚连续跳8次，左右脚均能完成 E：单脚连续跳4~7次，或一只脚可跳8次另一脚跳低于8次 F：单脚跳1~3次，或无法单脚跳（起跳时脚未离地）	60~72月
跑	5秒内在3米距离内来回跑●	地上前后相距3米贴2条直线、玩具	测试员先示范在3米内的2条线内来回跑，然后示意儿童模仿。说："在起点这边准备，听到'开始'以最快速度跑到那条线，拿起那边的玩具，然后跑回来。"	P：5秒内能够完成距离6米的来回跑 E：来回跑用时6~10秒 F：来回跑用时超过10秒，或没有模仿测试员的动作	48~60月

表 3-14 自闭症儿童粗大动作评估表——操作活动评估

评估内容	评估项目	评估材料	评估方法	评估标准	参考年龄
推	灵活爬行 ▲	地垫	测试员将儿童以手膝位放在平面上，将玩具放在距儿童前方 1.5 米处。说："拿玩具。"当儿童接近时将玩具后移	P:以交叉模式（一侧上肢与另侧下肢一起移动）手膝向前爬行 1.5 米 E:以交叉模式手膝向前爬行 1.2 米，或以非交叉模式爬行 1.5 米 F:匍匐爬，或未移动	9~10月
	爬上楼梯	玩具	儿童坐在楼梯下，面对楼梯。测试员将玩具放在第 3 个台阶上，对儿童说："去拿玩具。"必要时在儿童接近后将玩具移到上一层。做好准备在儿童失去平衡时及时抓住儿童，避免危险。如儿童站起身拿玩具，可示范其爬上楼梯的动作	P:以手膝爬上 2 个台阶，拿到玩具 E:以手膝爬上 1 个台阶 F:没有爬的动作	12~24月
	爬下楼梯		让儿童双膝跪在第 4 个台阶上，双手扶第 5 个台阶。测试员站在下面对其说："到我这来。"必要时后退。	P:独自倒退爬下 3 个台阶 E:独自倒退爬下 1~2 个台阶 F:没有爬的动作，仍在第 4 个台阶上	12~24月
端	单手端半杯水步行 3 米 ▲	盛半杯水的塑料杯子	测试员将杯子倒入半杯水放在桌上，让儿童把杯子拿到 3 米远处的桌上。说："请你用一只手拿这个杯子到那个桌子上，别弄洒水。"	P:单手端杯子走 3 米，水没有洒到外面 E:单手端杯子走 3 米，水偶尔洒出 F:无法单手端杯子行走，用双手端或大半的水洒出杯子	24~36月

续表

评估内容	评估项目	评估材料	评估方法	评估标准	参考年龄
端	双手端盛物托盘步行3米▲	塑料水杯、托盘	测试员将托盘放在桌上,托盘上放着塑料水杯,让儿童用托盘把水杯送到3米远处的桌上。说:"请你用托盘把那杯水送到那边的桌上。"	P:双手端托盘走3米,平稳地把水杯送到桌上 E:双手端托盘走3米,杯子里的水偶尔洒出 F:无法双手端托盘行走,大半的水洒出杯子或杯子掉在地上	36~48月
抛	坐姿站起●		测试员示范由坐姿站起:先交叉两腿坐于地面,然后将手掌放在身体两侧地板上,双手向下用力,上臂伸直,重心转移在脚上。最后站起来时,向左右两侧转身不超过20度。对儿童说:"像我一样站起来。"	P:站起来,转身不超过20度 E:站起,转身21~90度 F:转身大于90度,或没能站起	12~24月
	由蹲站起	玩具	测试员用玩具吸引儿童由蹲站起,说:"站起来玩玩具。"	P:由蹲至站起,不需手扶身旁物品,站立后保持平衡 E:由蹲至站起,需手扶身旁物品,站立后保持平衡 F:由蹲至站起,需手扶身旁物品,站立后无法保持平衡	12~24月
	站姿动作模仿●		测试员与儿童面对面站,说:"我用手臂做动作,你照着做。"试做一次,看儿童是否理解。然后做出4种手臂姿势,每种姿势间隔1秒。观察儿童动作	P:能正确模仿出其中2种 E:能正确模仿1种姿势 F:不能正确模仿任何姿势	18~26月

续表

评估内容	评估项目	评估材料	评估方法	评估标准	参考年龄
抛	往前跌时作出向前踏步反应▲	地垫	儿童站在地垫上。测试员轻轻向前推儿童并说："站稳了，不要被我推倒。"	P:向前踏步后，保持稳定站立 E:向前踏步，但不能保持稳定站立 F:没有向前踏步反应	12~24月
	往侧跌时作出向旁踏步反应▲	地垫	儿童站在地垫上。测试员轻轻在其身旁推儿童并说："站稳了，不要被我推倒。"	P:向两侧踏步后，保持稳定站立（左右均完成） E:向两侧踏步，但不能保持稳定站立，或只有单侧有踏步反应 F:没有向侧踏步反应	24~36月
	往后跌时作出向后踏步反应▲	地垫	儿童站在地垫上。测试员轻轻在其身前推儿童并说："站稳了，不要被我推倒。"	P:向后踏步后，保持稳定站立 E:向后踏步，但不能保持稳定站立 F:没有向后踏步反应	24~36月
站立	单脚站一边6秒，一边3秒●		测试员示范单脚站的姿势，并且一边单脚站一边数数，一只脚数到6，然后换另一只脚单脚站数到3。然后示意儿童模仿，测试员计时	P:能够在不扶持的情况下轮流换脚站，一只脚单脚站6秒，另一只脚单脚站3秒 E:一只脚单脚站后无法轮流换脚，或者换一只脚站后无法坚持3秒 F:一只脚站无法坚持6秒	60~72月
行走	扶一手走▲		测试员站在儿童身旁，握住儿童的一只手或让儿童握住自己的一根手指。对儿童说："一起走。"观察儿童步态及行走距离	P:交替迈步走2.5米 E:两脚交替迈步1~2米 F:行走不足1米	12~16月

续表

评估内容	评估项目	评估材料	评估方法	评估标准	参考年龄
行走	独自行走5步	玩具	测试员站在儿童面前60厘米左右,用玩具吸引其注意,对儿童说:"来拿玩具。"随着儿童向前行进,测试员向后退步,让儿童始终拿不到玩具,吸引其继续行进	P:独自行走5步 E:独自行走1~4步 F:站着不动或者坐下	12~24月
	双手抱大玩具向前行走	直径20厘米的玩具球	测试员给儿童一个20厘米的玩具球,让他拿着球向前走。站在3米外对儿童说:"拿着球过来。"	P:双手拿球行走3米 E:双手拿球行走1~2步 F:双手拿球行走不足1米	12~24月
	侧向行走●		测试员面向儿童演示以同一只脚引导向侧方迈步走3米。对儿童说:"像我一样走。"	P:以同一只脚引导,向侧方走3米 E:侧方行走1.2~2.7米,其中一半过程是由同一只脚引导的 F:站着不动,或以非侧向行走方式走或不去模仿测试员动作	21~22月
	走直线●	贴在地上的直线2.4米长、10厘米宽的直线	测试员演示走一段直线,一脚在线上,另一脚在旁边,将儿童放在线的一端,说:"像我一样走在线上。"	P:一只脚在线上,一只脚在旁边,走直线1.8米 E:一只脚在线上走1.2~1.5米 F:一只脚在线上走不足1.2米或不去模仿测试员动作	21~22月
	扶物上楼梯▲	玩具	儿童面对一段楼梯站好,靠近栏杆或墙。测试员将玩具放在第6个台阶上,测试员站在儿童背后,说:"上去拿玩具。"	P:扶墙或栏杆走上4个台阶,每个台阶可上一只脚或两只脚 E:扶墙或栏杆走上1~3个台阶 F:未移动,或以手膝爬上台阶	18~36月

续表

评估内容	评估项目	评估材料	评估方法	评估标准	参考年龄
行走	扶物下楼梯▲		将儿童放在一段楼梯的第4个台阶上,靠近墙或栏杆。测试员站在儿童身旁,把手伸给儿童。说:"我们一起下楼梯。"	P:靠牵着手下4个台阶 E:靠牵着手下2~3个台阶 F:站着不动,或蹲下坐着下楼梯	18~36月
	在15厘米宽的平衡木上交替行走●	15厘米宽、1.8米长的平衡木,平衡木离地10厘米	测试员示范在平衡木上行走,然后示意儿童模仿	P:在平衡木上双脚交替行走1.8米 E:在平衡木上行走1~1.5米 F:在平衡木上行走不足1米	24~36月
	两步上一级楼梯（不扶物）▲	玩具	儿童面对一段楼梯站好,双脚靠近台阶中央。测试员将玩具放在第6阶台阶上,测试员站在儿童背后,说:"不扶着,自己上去拿玩具。"	P:不扶墙或栏杆走上4个台阶,两步上一个楼梯 E:扶墙或栏杆走上4个台阶 F:未移动,或以手膝爬上台阶	24~36月
	两步下一级楼梯（不扶物）▲		将儿童放在一段楼梯的第4个台阶上,靠近墙或栏杆。测试员站在儿童下面的2层台阶,说:"走下楼梯。"儿童开始下楼时测试员往下一层退	P:不扶墙或栏杆走下4个台阶,每个台阶两步 E:不扶物走下1~3个台阶 F:未移动,或扶着墙或栏杆下楼梯	24~36月
	一步上一级楼梯▲	玩具	儿童面对一段楼梯站好,双脚靠近台阶中央。测试员将玩具放在第6个台阶上,测试员站在儿童背后,说:"不扶着,自己上去拿玩具。"	P:一步上一个楼梯,不扶墙或栏杆走上6个台阶 E:一步上一个楼梯走上4个台阶,间或需要扶物 F:未移动,或以手膝爬上台阶,或两步上一个台阶	36~48月

续表

评估内容	评估项目	评估材料	评估方法	评估标准	参考年龄
行走	一步下一级楼梯▲		将儿童放在一段楼梯的第4个台阶上,靠近墙或栏杆。测试员站在儿童下面的2层台阶。说:"走下楼梯。"儿童开始下楼时测试员往下一层退	P:不扶墙或栏杆走下4个台阶,每个台阶一步 E:不扶物走下1~3个台阶,间或两步下一个台阶 F:未移动,或扶着墙或栏杆下楼梯	36~48月
	踮脚走10步●	地上贴直线	测试员双手叉腰,演示在地上的直线上踮脚走。对儿童说:"像我这样,手叉腰,踮起脚尖走10步。"	P:双手叉腰,踮脚尖走10步 E:双手叉腰,踮脚尖走4~9步 F:踮脚尖走1~3步	36~48月
	在平地上倒退走直线5步●	地上贴直线	测试员演示双手叉腰,脚趾跟着脚跟,踩在直线上向后走。对儿童说:"像我这样,手叉腰,脚趾头碰脚后跟,尽量踩着线走。"观察儿童的平衡、脚踩的位置及踩线走的距离。	P:双手叉腰,脚趾碰足跟,每一步都踩在线上,后退走5步 E:双手叉腰,脚趾碰足跟,每一步都踩在线上,后退走2~4步 F:后退走不足2步	48~52月
	脚尖贴脚后跟走3米●	地上贴2条相距3米的直线	测试员先示范脚尖贴脚后跟走,然后对儿童说:"像我这样,双手叉腰,脚尖贴脚后跟走,从这条直线走到那条直线。"	P:双手叉腰,脚尖贴脚跟走3米 E:双手叉腰,脚尖贴脚跟走1~2米 F:脚尖贴脚跟走不足1米	48~60月
	脚后跟行走3米●	地上贴2条相距3米的直线	测试员先示范用脚后跟行走,然后对儿童说:"像我这样,双手叉腰,用脚后跟走,从这条直线走到那条直线。"	P:双手叉腰,用脚跟走3米 E:双手叉腰,用脚跟走1~2米 F:用脚跟走不足1米	48~60月

续表

评估内容	评估项目	评估材料	评估方法	评估标准	参考年龄
跳跃	手扶弹跳		测试员弯腰或蹲下，扶儿童面朝自己站立，让儿童握住测试员食指，食指高度与儿童肩部持平。上下移动手2次，鼓励儿童跳	P：屈膝跳3次 E：屈膝跳1~2次 F：腿僵直或坐下	10月
	原地向上跳，离地5厘米●		测试员示范双脚一起向上跳，先屈膝，然后身体起跳。对儿童说："像我这样跳。"	P：向上双脚起跳离地5厘米 E：双脚起跳稍稍离地，或者单脚起跳5厘米 F：脚趾没有离开地面	24~36月
	向前跳10厘米●	长60厘米、宽5厘米的贴在地上的直线	测试员演示双脚起跳和落地，从起跳线向前跳10厘米。将儿童放在线后，脚趾挨着线。说："像我一样跳。"然后测量后脚跟接触地面处到起跳线之间的距离	P：向前跳出10厘米，并能保持平衡 E：向前跳不足10厘米，且能保持平衡 F：向前走或跳后跌倒，或不去模仿测试员动作	24~36月
	站在楼梯或台阶上向下跳●	10厘米高的台阶，台阶宽度最少50厘米	测试员示范从台阶上双脚跳下，然后示意儿童模仿。协助儿童站在台阶上，说："双脚一起跳到地上。"	P：不需辅助，双脚起跳着地后能保持平衡 E：双脚起跳着地后不能保持平衡 F：单脚跳下，或无法模仿此动作	24~36月
	跳上5厘米高台阶●	5厘米高的台阶	测试员示范双脚一起跳上台阶，先屈膝，然后身体跳起。说："像我这样跳上台阶。"	P：双脚一起跳上5厘米台阶 E：双脚跳起稍稍离开地面，或单脚跳上台阶 F：脚趾未离开地面，或不去模仿测试员动作	36~48月

续表

评估内容	评估项目	评估材料	评估方法	评估标准	参考年龄
跳跃	跳过高度25厘米的栏杆●	高25厘米的栏杆	测试员示范后让儿童模仿,说:"双脚跳过这个栏杆。"	P:双脚起跳,跳过栏杆后保持平衡 E:单脚跳过栏杆后保持平衡 F:脚趾未离开地面,或迈过栏杆	48~60月
	左右跳3次●	地上贴或画一条竖线	测试员让儿童站在竖线的一侧,先示范儿童如何从一侧跳向另一侧再跳回来。然后对儿童说:"像我一样双脚跳到线的另一边,然后跳回来,连续跳3次。"	P:双脚同时横向跳,跳过地上的划线,连续3次,中途停顿不超过3秒 E:横向跳过划线,无法连续3次,或中间停顿超过3秒 F:无法横向跳过划线	48~60月
	向前跨跳一步●	2块地垫（30厘米×30厘米）	测试员将2块地垫前后拼在一起,示范跨过地垫,然后示意儿童模仿	P:跨过2块地垫,左右脚均完成 E:左右脚之中有一只脚无法跨过地垫,或踩在地垫上 F:从地垫走过	48~60月
	连续跨马跃步10步●	地上前后相距3米贴2条直线	测试员先示范跨马跃步,然后对儿童说:"像我这样像马儿一样跳。"	P:连续跨马跃步,左右各10步,左右均能完成 E:左右脚之中有一只脚无法跨马跃步 F:无法模仿跨马跃步	48~60月
	连续侧滑步3米●	地上左右相距3米贴2条直线	测试员站在一条线的一边,然后用侧滑步至另一条线。侧滑步的过程中双脚中间离地。测试员为儿童示范后,示意儿童模仿。说:"像我刚才那样滑步,由这条线滑步到那条线。"	P:连续侧滑步,左右各3米,左右均能完成,中间停顿不超过3秒 E:左右脚之中有一只脚无法侧滑步,或中间停顿超过3秒 F:无法模仿侧滑步	48~60月

续表

评估内容	评估项目	评估材料	评估方法	评估标准	参考年龄
跳跃	连续向后跳10次●		测试员示范双腿一起向后跳，让儿童仔细观察。然后对儿童说："像我一样向后跳10次。"	P:双脚同时起跳向后跳10次，双脚同时离地 E:双腿同时起跳向后跳5~9次，或双脚先后离地 F:向后跳低于5次，或无法向后跳	60~72月
	连续单脚跳8次●		测试员先示范抬高一条腿，另一条腿向前跳。然后对儿童说："抬高左脚，用右脚跳8次。然后抬高右脚，用左脚跳8次。"	P:单脚连续跳8次，左右脚均能完成 E:单脚连续跳4~7次，或一只脚可跳8次，另一脚跳低于8次 F:单脚跳1~3次，或无法单脚跳（起跳时脚未离地）	60~72月
跑	5秒内在3米距离内来回跑●	地上前后相距3米贴2条直线、玩具	测试员先示范在3米内的2条线内来回跑，然后示意儿童模仿。说："在起点这边准备，听到'开始'以最快速度跑到那条线，拿起那边的玩具，然后跑回来。"	P:5秒内能够完成距离6米的来回跑 E:来回跑用时为6~10秒 F:来回跑用时超过10秒，或没有模仿测试员的动作	48~60月
抛	单手过肩向前抛球1.2米●	网球、墙上贴图	测试员示范将网球举过肩膀高度向前方墙壁抛球，距离墙壁1.2米远。然后让儿童同样做。对儿童说："请你像我一样单手把球扔到墙上。"	P:单手抛球，举球过肩，击中墙上图画 E:单手抛球，未击中墙上图画或举球不过肩膀 F:双手抛球，未击中墙上图画	36~48月
	双手过肩向前抛球1.2米●	直径20厘米的皮球、墙上贴图	测试员站在距离墙1.2米处，双手抛球到墙上。然后对儿童说："像我一样双手抛球到墙上。"	P:双手抛球，举球过肩，击中墙上图画 E:双手抛球，未击中墙上图画或举球不过肩膀 F:没有模仿抛球动作	36~48月

续表

评估内容	评估项目	评估材料	评估方法	评估标准	参考年龄
抛	双手抛球至 1.5 米远处的目标●	直径 20 厘米的皮球、圆柱 3 个	测试员用圆柱组成间距 30 厘米的目标，距离目标 1.5 米远拿球站好，用球把圆柱撞倒。对儿童说："像我一样用球把圆柱撞倒。"	P：双手抛球，球在着地前撞倒圆柱 E：双手抛球，球碰到圆柱但没有撞倒 F：双手抛球，球没有接近圆柱	48~60 月
	单手抛球至 1.2 米远处的目标●	网球、墙上贴边长 60 厘米的正方形图画，图画距地面 60 厘米	测试员距离墙 1.2 米远站好，将网球抛向墙上的图画。然后让儿童同样抛球。对儿童说："请你像我一样单手把球抛到图画上。"	P：单手抛球，球在着地前击中墙上的目标，3 次击中 2 次及以上 E：单手抛球，3 次击中 1 次，或 3 次均未击中墙上目标 F：双手未过肩抛球，球没有击中墙上目标	48~60 月
	单手过肩抛小沙袋至 3 米远 2 米宽目标●	口袋、2 个圆柱	测试员在距离儿童 3 米远处放 2 个圆柱组成球门，圆柱间距 2 米。测试员示范将小沙袋抛向球门中，对儿童说："像我一样单手把口袋扔到球门中。"	P：单手抛口袋，口袋落入球门中 E：单手抛口袋，口袋没落入球门中 F：双手抛口袋	48~60 月
	双手过肩抛球至 1.5 米远的目标●	直径 20 厘米的皮球、墙上贴边长 60 厘米的正方形图画，图画距地面 60 厘米	测试员距离墙 1.5 米远站好，将皮球抛向墙上的图画。然后让儿童同样抛球。对儿童说："请你像我一样双手把球抛到图画上。"	P：双手抛球，球在着地前击中墙上的目标，抛 3 次中 2 次或以上击中 E：双手抛球，1 次击中墙上目标，或 3 次均击中墙上其他位置 F：双手未过肩抛球，球没有击中墙	48~60 月
球拍击球	垂直挥拍击中吊球●	球拍、吊球（高度在儿童头顶水平上）	测试员示范用球拍击球，然后对儿童说："像我这样用球拍拍这个球。"	P：单手用球拍击球，击中球 E：单手用球拍击球，未击中或双手击球击中 F：双手用球拍击球，未击中	36~48 月

续表

评估内容	评估项目	评估材料	评估方法	评估标准	参考年龄
球拍击球	横向挥拍击中吊球●	球拍、吊球（高度在儿童肩膀）	测试员示范用球拍击球，然后对儿童说："像我这样用球拍拍这个球。"	P:单手用球拍击球,击中球 E:单手用球拍击球,未击中,或双手击球击中 F:双手用球拍击球,未击中	36~48月
	用球拍向前发球1.5米●	球拍、海绵球	测试员示范用球拍发球，然后让儿童站在距墙壁1.5米远处，对儿童说："像我一样把球发到墙上。"	P:单手用球拍发球,击中墙壁 E:单手用球拍发球,未击中墙壁,或双手发球击中墙壁 F:双手用球拍发球,未击中墙壁	60~72月
踢	向前踢球1米●	直径20厘米的皮球	测试员先示范，然后让儿童踢放在地上的球。观察儿童踢球姿势并测量距离	P:踢中球后,身体保持平衡,球向前移动超过1米 E:踢中球后,身体不能保持平衡或球移动不足1米 F:无法踢到球,或没有踢球的意图	24~36月
	踢球至距离1.8米远、宽70厘米的目标	直径20厘米的皮球、4个圆柱	测试员将4个圆柱间距70厘米排一排，让儿童距离圆柱1.8米远站好，对儿童说："踢球把这些圆柱碰倒。"	P:踢中4个圆柱中至少1个 E:踢中球,但无法碰倒圆柱 F:无法踢到球,或没有踢球的意图	36~48月
	跑向球，踢固定球●	直径20厘米的皮球	测试员先示范跑向球把球踢到墙壁，然后把球放在距离墙1.5米远处，对儿童说："像我一样跑到球那里，把球踢到墙壁上。"	P:跑向并踢中固定的球,跑与踢的动作连贯无停顿,用脚掌或脚趾部分把球踢到墙上 E:跑向球并踢中,跑与踢的动作中停顿 F:无法领会测试员意图,对测试员的示范无反应	48~60月

续表

评估内容	评估项目	评估材料	评估方法	评估标准	参考年龄
接	双手接自1.5米远处抛来的球	直径27厘米的沙滩球	测试员与儿童面对面站,相距1.8米。测试员把球抛给儿童,对儿童说:"手肘伸直,注意接我抛给你的球。"	P:双手伸直到胸前接到测试员抛来的球 E:试图接球,但抱不住球 F:对测试员抛来的球躲避	36~48月
	双手接自1.5米远处地上弹回来的球	直径20厘米的弹力球	测试员与儿童面对面站,相距1.8米。测试员把球投向地上回弹到儿童面前,对儿童说:"注意接地上弹向你的球。"	P:用双手手掌部分紧接弹过来的球 E:试图接球,但接不住球 F:对测试员弹过来的球躲避	48~60月
	扔球后接弹起的球	网球	测试员示范向地上扔网球并用手接住。对儿童说:"像我一样扔球再接球。"	P:扔球再接球,3次能接住2次及以上 E:扔球再接球,3次能接住1次 F:接不住球	68~72月
拍	双手连续向下拍球	直径45厘米的大球	测试员先示范双手连续向下拍球3次,然后对儿童说:"像我这样双手拍球,连续拍3次。"	P:双手连续拍球3次 E:双手连续拍球2次 F:向下拍球后无法继续拍第二下	60~72月
	单手连续拍球3次	直径20厘米的球	测试员先示范单手连续向下拍球3次,然后对儿童说:"像我这样用一只手拍球,连续拍3次。"	P:单手连续拍球3次 E:单手连续拍球2次 F:向下拍球后无法继续拍第二下	60~72月
	左右手轮流向上拍球4次	直径30厘米的气球	测试员先示范左右手轮流向上拍气球4次,然后对儿童说:"像我这样向上拍球,连续4次。"	P:左右手轮流向上拍球4次 E:左右手轮流拍球2~3次,或单手拍4次 F:左右手轮流拍球1次	60~72月

注:★代表观察项目

▲代表观察或直接评估项目

●代表同时考察儿童模仿能力的项目

没有任何标注的为直接评估项目

表3-15　自闭症儿童精细动作评估表

评估内容	评估项目	评估材料	评估方法	评估标准	参考年龄
摆弄物品	用掌心抓握物品▲	小花棒或其他小棒	测试员让儿童面对桌子坐好，拿小花棒碰触儿童手掌，说："抓住。"	P：用掌心抓住 E：手指碰到，但未抓住 F：未伸开手掌	0~6月
	用拇指、食指和中指抓物品▲	积木	测试员让儿童面对桌子坐好，放一块积木在桌上，距儿童手10厘米内。对儿童说："拿积木玩。"观察儿童如何拿起积木	P：用拇指、食指和中指抓握积木，积木和手掌间有明显空隙 E：用食指、中指和手跟部拿积木（积木和手掌间无空隙） F：整个手握拳拿积木	7~9月
	用拇指和食指捡拾物品▲	2粒小粒食物（直径5~10毫米）	测试员让儿童面对桌子坐好，在儿童能够得着的地方放2粒小粒食物在桌上，说："把好吃的拿起来。"	P：用拇指和食指指腹捏起1或2粒食物，其手、腕、臂均离开桌面 E：用拇指和食指指腹捏起1或2粒食物，其手臂放在桌上 F：未以拇指和食指捏的方式拿食物	8~11月
	把物品放入大容器中	口宽10厘米、深7厘米的容器，方块积木	测试员将容器放在儿童手边，然后把积木放在儿童手中。对他说："把积木放在罐子里。"	P：10秒内准确地将积木放进容器内 E：尝试将积木放在容器内，在动作或语言辅助下能将积木放入罐子 F：把玩积木，没有将积木放入罐子的意识	10~12月
	把小物件放入小瓶中	瓶子（瓶口比小粒食物略大）、4粒小粒食物（直径5~10毫米）	测试员让儿童坐在桌前，将小瓶和小粒食物放在儿童面前，捡起一粒食物放在瓶内，对儿童说："把它放在瓶子里。"	P：将一粒食物放入瓶中 E：试图将食物放入瓶内，在测试员动作或语言辅助下能放入 F：拿起食物，没有想放入瓶内的表现	12~24月

续表

评估内容	评估项目	评估材料	评估方法	评估标准	参考年龄
基本操作能力	摇晃玩具▲	小花棒或其他小棒	让儿童坐在桌前,测试员晃动小花棒,然后放在儿童手中,说:"摇一摇。"	P:晃动物品,幅度达15度 E:晃动物品,幅度5~14度 F:未表现晃动物品的动作	6~12月
	推动玩具车▲●	玩具车	测试员在儿童面前示范用手推小车,然后对儿童说:"轮到你推。" 或日常观察儿童此表现	P:用手推小车 E:把玩小车 F:无反应或日常玩玩具车时无推车的表现	9~12月
	拉绳▲●	栓上细绳的玩具	测试员示范拉动玩具上的细绳,然后将绳子放在儿童手里,对他说:"你来拉拉看。" 或日常观察儿童此表现	P:用手拉绳子,把玩具拉动 E:拉动绳子 F:无反应或日常无拉绳的表现	9~12月
	伸手入容器中取物▲	口宽10厘米、深7厘米的容器,方块积木	测试员将积木放在容器中,对儿童说:"把积木拿出来。"(测试员在需要时可帮助扶容器) 或日常观察此表现	P:手伸入容器中拿出积木 E:手伸入容器中,但未拿出积木 F:无反应或日常无此表现	9~12月
	瓶中取小粒食物	无盖的瓶子、小粒食物(直径5~10毫米)	测试员让儿童坐在桌前,将一个装着小粒食物的瓶子交给儿童。对他说:"把吃的东西拿出来。"	P:翻转瓶子倒出食物 E:尝试倒出食物,在测试员辅助下能够倒出 F:无翻转瓶子的表现	12~14月
	用食指按动玩具开关▲	有开关的玩具一个	测试员将玩具放在儿童面前,示范用食指按开关,对儿童说:"用手指按开关。" 或观察儿童任何情况下用食指按开关的表现	P:用食指按动玩具开关或其他按钮 E:试图用食指按开关,在测试员辅助下能够按动开关 F:把玩玩具但未尝试去按开关	12~24月

续表

评估内容	评估项目	评估材料	评估方法	评估标准	参考年龄
基本操作能力	打开盖子	易开盖的小盒、小粒食物	测试员将放有小粒食物的小盒放在儿童面前，对他说："打开盒子吃好吃的。"	P:打开盒子盖 E:试图打开盒子盖，在测试员辅助下能够打开盖子 F:把玩盒子但未尝试去打开，或辅助下仍无反应	12~24月
	一只手拿2块积木●	2块积木	测试员让儿童面对桌子坐好，将积木并排放在桌上，并示范用一只手拿起2块积木。把积木重新放回桌上，对儿童说："像我刚才那样一手拿起2块积木。"	P:能够用一只手拿起2块积木 E:试图用一只手拿起2块积木，在测试员辅助下可拿起 F:能拿起1块积木	12~15月
	把形状块插入形状板▲	形状板（上面有○、△、□）及相应形状的形状块	测试员让儿童坐在桌前，将形状板和形状块放着桌上，但位置不对应。对儿童说："把各种形状放在板里面。"	P:将3个形状块都放进对应洞内 E:将2个形状块放入对应洞内，第3个形状块部分放入洞内 F:将2个形状块放入洞内	19~24月
	标准位置敲打物品●	玩具木槌	测试员示范用小木槌对准小木块敲打，然后对儿童说："你来敲。"	P:有目标地敲打木块 E:用木槌随意敲打，无明确目标 F:拿起木槌但未敲打	24~36月
	逐页翻书▲●	故事书	测试员示范逐页翻书，对儿童说："你来试试一页一页地翻书看。"或日常观察此动作	P:每次翻1页，能够翻3页 E:每次1页，能翻2页，或将2页或多页一起翻 F:只打开书	24~36月
	扭动玩具发条●	有大发条的玩具	测试员示范将玩具发条扭几次，然后对儿童说："你来扭看。"或日常观察此动作	P:把发条扭动2次以上，扭动幅度45度以上 E:扭动发条1~2次，扭动幅度低于45度 F:无法扭动发条	24~36月

续表

评估内容	评估项目	评估材料	评估方法	评估标准	参考年龄
双手配合	用双手把玩物品★	儿童玩具	测试员将玩具放在儿童的一只手中,对他说:"给你玩。"观察儿童如何把玩	P:双手把玩玩具 E:单手玩玩具,或用手指轻碰玩具 F:不用手接触玩具	4~5月
	积木互击▲	2块积木	测试员让儿童面对桌子坐好,将1块积木放在儿童左手,然后将第二块积木放在儿童右手附近,说:"再拿一块积木,一起敲。"必要时示范	P:拿第二块积木,将2块积木在身体中线处碰击 E:拿起第二块积木,但未将积木碰击 F:没拿第二块积木	9~12月
	双手拆玩具●▲	比较松的拼插玩具	测试员示范将拼在一起的塑料玩具拆开,然后对儿童说:"你来打开它。"提示儿童用双手	P:双手拆开拼在一起的玩具 E:试图拆开玩具,但未成功 F:用其他方式把玩玩具	12~24月
	双手拼装玩具●▲	2块拼插玩具	测试员示范将2块拼插玩具拼在一起,然后交给儿童,对儿童说:"你来拼起来。"	P:双手将2块玩具拼在一起 E:试图将2块玩具拼在一起,但未成功 F:用其他方式把玩玩具	24~36月
	双手拼装较紧较小玩具▲	较小的拼插玩具（乐高）	测试员将4块乐高玩具放在儿童面前,对他说:"把它们拼在一起。"提示儿童用双手拿着玩具然后拼起来,不要将玩具按在桌面上拼	P:双手将2块玩具拼在一起 E:试图将2块玩具拼在一起,但未成功 F:用其他方式把玩玩具,无拼插意图	48~60月
	套圈●	3个塑料棒及大小配套的塑料圈	测试员示范一手拿塑料棒,另一手把一个塑料圈套在棒上,然后将塑料棒和塑料圈分别让儿童用两手拿着,对儿童说:"把圈圈套在上面。"	P:一手拿小棒,用另一手把塑料圈套上,完成2~3个 E:将1个塑料圈套在棒上 F:用其他非两手配合方式套圈	12~24月

续表

评估内容	评估项目	评估材料	评估方法	评估标准	参考年龄
双手配合	拧开瓶盖	有瓶盖的瓶子、小粒食物	测试员把一些小粒食物放在瓶内，把瓶盖拧上（但不要拧得非常紧）。把瓶子拿给儿童，对他说："打开瓶盖拿吃的。"	P：能够拧开瓶盖 E：试图拧开瓶盖，在测试员辅助下能拧开 F：摇动瓶子，无拧开瓶盖的意图	24~36月
	穿洞板●	有洞的木板或塑料板、绳子	测试员示范一手握着木板，另一手拿绳，把绳穿过木板上的洞，然后双手以交替动作拉绳和固定木板，重复穿过2个洞，然后对儿童说："你来继续穿下去。"	P：一手拿木板，另一手拿绳穿洞，双手交替至少穿过2个洞 E：一手拿木板，另一手拿绳穿洞，双手交替至少穿过1个洞 F：无法穿绳入洞	48~60月
手眼协调	叠起2块积木●	6块积木	测试员让儿童坐在桌前，桌上放着积木。测试员示范将一块积木小心地搭在另一块上，使各个边对齐，一共搭2层。然后对儿童说："你也来搭一座楼。"	P：搭起2块积木 E：试图搭2块积木，但未成功 F：没有搭积木的意识，或没表现出想搭积木的意图	12~24月
	叠起7块积木●	10块积木	测试员让儿童面对桌子坐好，将积木并排放在桌上，并示范小心地用积木搭起一座7层楼，积木各边尽可能保持对齐。把积木重新放回桌上，对儿童说："像我刚才那样搭一座高楼。"	P：搭起7块积木 E：搭起3~6块积木 F：搭起2块积木	24~36月
	叠起10块积木●	10块积木	测试员将积木并排放在桌上，并示范小心地用积木搭起一座10层楼，积木各边尽可能保持对齐。保留搭好的楼几秒后推倒，然后把10块积木放在儿童面前，说："像我刚才那样搭一座高楼。"	P：搭起10块积木 E：搭起9块积木 F：搭少于9块积木	36~48月

续表

评估内容	评估项目	评估材料	评估方法	评估标准	参考年龄
手眼协调	穿中号的珠子●	1条鞋带（鞋带两头有塑料包好,方便串珠）、6粒直径1.5厘米的方形珠子	测试员示范如何将珠子串在鞋带上,尽可能让儿童看得清楚。示范动作需慢。串好2粒珠子后,把另外4粒珠子和鞋带交给儿童,说:"像我一样串珠子。"	P:串入4粒珠子 E:串入3粒珠子 F:串入2粒珠子	24~36月
	穿小号的珠子●	直径1厘米的珠子、1条细线	测试员先示范用细线穿珠,然后对儿童说:"像我一样,穿3粒珠子。"	P:在5分钟内能够穿好3粒珠子 E:试图穿珠子,在测试员辅助下能够穿上珠子 F:无穿珠意图,或对测试员的示范无反应	36~48月
	穿微型的珠子●	5粒直径2.5毫米的珠子、1条细线	测试员先示范用细线穿珠,然后对儿童说:"像我一样,穿3粒珠子。"	P:在5分钟内能够穿好3粒珠子 E:试图穿珠子,在测试员辅助下能够穿上珠子 F:无穿珠意图,或对测试员的示范无反应	60~72月
	穿鞋带●	有一排6个孔的纸板或塑料板、鞋带	测试员给儿童看纸板,对儿童说:"看我穿鞋带。"示范给儿童将鞋带自上而下穿第1个孔,然后自下而上穿第2孔,然后再自上而下穿第3孔。给儿童看穿好鞋带的纸板,然后取出鞋带。把纸板和鞋带一起交给儿童,说:"像我一样做。"	P:模仿测试员动作,穿进1孔或以上 E:在测试员动作或语音辅助下穿进1孔 F:没有穿孔的意图	36~40月

续表

评估内容	评估项目	评估材料	评估方法	评估标准	参考年龄
手眼协调	从洞板中拿出小柱子	有圆孔的木板，4个孔内插直径1.5厘米的小圆柱	测试员让儿童面对桌子坐好，将一个分布着圆孔的木板放在儿童面前，木板上插着4个小圆柱。对儿童说："拿出小圆柱。"	P:拿出4根圆柱 E:拿出2~3根圆柱 F:拿出1根圆柱或没有拿出圆柱	12~24月
	将小珠子放进窄口瓶里	窄口瓶、10粒小珠子	测试员将窄口瓶和10粒珠子放在儿童面前，说："尽快把珠子放进瓶子，每次放一粒。"	P:在30秒内放入10粒珠子 E:在31~60秒放入5~10粒珠子 F:在60秒内把少于4粒珠子放入瓶内	41~42月
	解扣子	纽扣带或衣服、秒表	测试员将纽扣带或衣服放在儿童面前，说："用最快速度解开扣子。"	P:能解开3粒扣子 E:试图解开扣子，在测试员辅助下能解开 F:无解开扣子的意图	41~42月
	系扣子	纽扣带或衣服、秒表	测试员将纽扣或衣服上的扣子解开放在儿童面前，对他说："用最快速度扣上扣子，再解开扣子。"	P:在20秒内扣上又解开1粒扣子 E:在测试员辅助下可以扣上又解开1粒扣子 F:没有尝试扣扣子	42~48月
	快速对指 ●		测试员把手放在儿童能看清手指动作的地方。以每秒对指一次的速度，从食指开始，每次一个手指，依次碰拇指。说："用你最快的速度像我一样做。"	P:拇指能与其他4个手指相触 E:拇指能与其他4个手指之一相触 F:没有表现出对指的意图	48~53月
	折纸	2张A4纸	测试员将一张纸的长边提前对折，不让儿童看到，然后把这张纸放在桌上。给儿童另一张纸，对他说："把你的纸也折成这张纸的样子。"	P:将纸对折，两边平行 E:能将纸对折，两边没有达到平行 F:没有折纸的意识	55~56月

续表

评估内容	评估项目	评估材料	评估方法	评估标准	参考年龄
握笔写画	用掌心握笔	记号笔、纸	测试员将笔和纸放在桌上,对儿童说:"我们来画画。"可示范。观察儿童如何握笔	P:以拇指和食指靠近纸的方向捏笔,其余三指环绕握笔 E:以拇指在上、小指靠近纸的姿势握笔 F:没有拿笔	12~24月
	用拇指、食指和中指握笔	记号笔、纸	测试员将笔和纸放在儿童面前的桌上,对他说:"画一画。"	P:用拇指和食指指腹握笔,其余三个手指抵住手掌。笔的上段靠在拇指和食指之间。涂鸦时手整体移动 E:用拇指和食指指腹握笔,笔的上段靠在拇指和食指之间 F:用拇指和食指握笔	41~42月
	握笔在纸上涂鸦●	2支记号笔、2张纸	测试员让儿童坐在桌前,拿笔在纸上画两条6厘米长的竖线,将另外一张纸和笔放在儿童面前,对他说:"像我刚才那样画。"	P:至少画出一条长于4厘米的线 E:画出长于2厘米的线 F:拿笔接触纸,但未画出线	12~24月
	仿画竖线●	2支记号笔、2张纸	测试员让儿童坐在桌前,拿笔在纸上画两条6厘米长的竖线,将另外一张纸和笔放在儿童面前,对他说:"像我一样从上到下画一条竖线。"	P:画出一条长于5厘米的线,偏离垂直面20度以内 E:画出5厘米的线,但偏离垂直面21~45度 F:画线不足5厘米,或者偏离垂直面大于45度	23~24月
	仿画横线●	2支记号笔、2张纸	测试员在纸上画两条8厘米的横线。将另一张纸和笔交给儿童,对他说:"像我一样画一条线"。	P:画5厘米的横线,偏离水平面20度以内 E:画5厘米横线,偏离水平面21~45度 F:画线短于5厘米,或偏离水平面大于45度	27~28月

续表

评估内容	评估项目	评估材料	评估方法	评估标准	参考年龄
握笔写画	仿画圆形●	记号笔、纸、画有圆形的卡片	测试员将纸笔放在儿童面前的桌上，把画有圆形的卡片展示给儿童，并放在纸的上方，对儿童说："画一个圆。"	P:画的圆闭合处在 1 厘米内 E:画的圆至少完成 3/4,终点离起点 1~2 厘米 F:画圆完成少于 3/4,或起点与终点相距超过 2 厘米	33~36月
	仿画十字●	记号笔、纸、画有十字的卡片	测试员将纸笔放在儿童面前，将画有十字的卡片放在纸上方。指着卡片上的十字对儿童说："像这样画两条交叉的线。"	P:仿画两条交叉的线,两条线垂直度接近直角,偏离垂直不超过 20 度,交点两边的线段长度相差小于 0.5 厘米 E:画两条相交线,两条线夹角小于 45 度,交点两边的线段长度相差大于 0.5 厘米 F:画的两条线不相交	39~42月
	仿画正方形●	记号笔、纸、画有正方形的卡片	测试员将纸笔放在儿童面前,给儿童看画有正方形的卡片,把卡片放在纸的上方,说："画正方形。"	P:线画得直,且偏离水平和垂直小于 15 度,四角闭合 E:画线偏离水平和垂直 16~30 度,或有一个角未闭合 F:画线偏离水平或垂直大于 30 度,或有两个角未闭合	49~50月
	连线	记号笔、纸	测试员在纸上画两个横向距离 10 厘米的点,然后放在儿童面前,将笔交给儿童,先用手指一个点,然后指另一个点,说："从这个点到那个点画一条线。"	P:在两点间连线,偏离水平不超过 0.5 厘米 E:在两点间连线,偏离水平 0.5~1 厘米 F:无法在两点间连线,或者偏离水平超过 1 厘米	53~54月

续表

评估内容	评估项目	评估材料	评估方法	评估标准	参考年龄
握笔写画	在指定范围内画直线●	记号笔、纸;纸上画两条间隔1厘米的平行横线	测试员将纸笔放在儿童面前,示范在两条线内画线不出界,对儿童说:"在这里画线,不要出界"。	P:在两条间距1厘米的直线间画线不出界 E:画线偏离上线或下线0.5~1厘米 F:无法在两条直线间画线,或者偏离上下线超过1厘米	36~48月
	在指定范围内画曲线●	记号笔、A4纸;纸上画两条间隔1厘米的横向曲线	测试员将纸笔放在儿童面前,示范在两条线内画线不出界,对儿童说:"在这里画线,不要出界。"	P:在两条间距1厘米的曲线间画线不出界 E:画线偏离上线或下线0.5~1厘米 F:无法在两条曲线间画线,或者偏离上下线超过1厘米	48~60月
	描画曲线●	记号笔、纸;纸上印有虚线画成的横向曲线,约4厘米	测试员将纸笔放在儿童面前,示范沿着虚线画,对儿童说:"沿着虚线画,不要画出界。"	P:沿虚线画线,出界不超过2次,且不超过1厘米 E:沿虚线画线,出界3~4次,且不超过1厘米 F:无法沿虚线画线	48~60月
	线内涂色	彩色笔、画有两条平行线的纸	测试员将纸笔放在儿童面前,用食指给儿童看两条线,说:"只能在这两条线之间涂颜色。"	P:涂满两线之间的3/4空间,越线不超过2次 E:涂满两线之间的3/4空间,越线3~4次 F:越线超过4次	59~60月
	抄写文字	方格纸(格子边长2厘米)、字卡(上面有口、上、下、大、小等字)、笔	测试员将方格纸和笔交给儿童,然后将字卡放在儿童面前,对他说:"把这些字抄在方格纸上,不要写到格子外面。"	P:能够在方格内抄写4个字,5个字中出界不超过2个 E:能够抄写3个字,出界不超过3次 F:抄写字2个以下,或抄写的字均出界	60~72月

续表

评估内容	评估项目	评估材料	评估方法	评估标准	参考年龄
工具使用	用刀切开橡皮泥●	橡皮泥、塑料刀	测试员示范用塑料刀切开条状橡皮泥，然后把橡皮泥和塑料刀交给儿童，对儿童说："你来切切看。"	P：双手配合地用塑料刀把橡皮泥大致平均切成两半 E：单手拿塑料刀切开橡皮泥 F：用塑料刀碰到橡皮泥，但没有切开	24~36月
	把橡皮泥搓成条状●	橡皮泥	测试员示范在桌面上将橡皮泥搓成条状，然后把橡皮泥交给儿童，对他说："你也来做个'香肠'。"	P：双手配合地把橡皮泥搓成条 E：把玩橡皮泥，捏成其他形状 F：触摸到橡皮泥，但不去玩	36~48月
	拉开笔套并插在另一端●	2支有笔套的笔	测试员示范将笔套拉开然后插在笔的另一端，把另一支笔交给儿童，说："你也来试试看。"	P：拉开笔套，然后把笔套插在另一端 E：拉开笔套，没有插在另一端 F：无法拉开笔套，或把玩笔	24~36月
	用胶棒贴配对图形●	1张贴着正方形、三角形、圆形的纸，大小相同的3种图形，胶棒	测试员示范用胶棒涂抹图形，然后将它贴在纸上对应的图形上，完成3个。然后对儿童说："请你像我一样，把图形贴在纸上对应的位置，不要出界。"	P：使用胶棒把图形贴在纸上对应位置，超过边界不多于3毫米 E：在测试员辅助下使用胶棒把图形贴在纸上对应位置，超过边界不多于5毫米 F：辅助下仍不会使用胶棒或贴图超过边界6毫米以上	36~48月
	盖印章画●	印章、印台、纸	测试员示范把印章压在印台上，然后印在纸上，对儿童说："你看我在印画呢，你也来印。"	P：能使用印章印出清晰的图案 E：可以使用印章，但印的图案比较模糊，看不清原本图案 F：不会使用印章印画	36~48月

续表

评估内容	评估项目	评估材料	评估方法	评估标准	参考年龄
工具使用	剪纸●	儿童剪刀、纸	测试员先示范使用剪刀剪纸,并且尽可能使儿童看清楚。在一张纸上剪开3处,然后把剪刀递给儿童,说:"你来剪剪看。"	P:用剪刀剪开一处 E:张开剪刀试图去剪纸 F:用剪刀碰到纸或没有想去剪的意图	25~26月
	剪断纸条●	儿童剪刀、宽5厘米的纸条	测试员示范将一张纸条剪成两半,将剪刀和一张纸条放在儿童面前,说:"像我一样剪。"	P:把纸条剪成两半 E:把纸条剪开不足3/4 F:试图用剪刀剪	36~48月
	沿直线剪纸	儿童剪刀、纸	测试员在纸上画一条直线,然后将剪刀和纸交给儿童,对他说:"沿着直线剪开。"	P:剪开整条线,偏离直线1厘米以内 E:沿直线剪纸,偏离超过1厘米,或在教师辅助下可剪开直线 F:不会用剪刀剪	48~60月
	剪圆形	儿童剪刀、画有圆形的纸	测试员把纸和剪刀交给儿童,食指沿着圆移动,说:"沿着线把圆剪下来。"	P:沿线剪,偏离线不超过0.5厘米,能剪3/4 E:沿线的左右剪,在线左右的0.5~1厘米,能剪1/3~1/4的圆 F:偏离线超过1厘米	48~60月
	剪正方形	儿童剪刀、画有正方形的纸(正方形边长5厘米)	测试员将剪刀和画有正方形的纸交给儿童,并且用食指沿着正方形的边移动,对儿童说:"沿着线剪出正方形。"	P:剪下正方形,偏离线不超过0.5厘米 E:剪下正方形,偏离线0.5~1厘米 F:剪下正方形,偏离线超过1厘米	48~60月
	剪复杂图形	儿童剪刀、画着不规则图形的纸(图形是直线组成的五边形)	测试员将剪刀和画有多边形的纸交给儿童,并且用食指沿着多边形的边移动,对儿童说:"沿着线剪出图形。"	P:剪下图形,偏离线不超过0.5厘米 E:剪下图形,偏离线0.5~1厘米 F:剪下图形,偏离线超过1厘米	60~72月

续表

评估内容	评估项目	评估材料	评估方法	评估标准	参考年龄
工具使用	用橡皮擦掉格子内文字	1张写着字的有格子的纸（格子边长2厘米）、橡皮	测试员把纸和橡皮交给儿童，指着中间方格上的字说："把格子里的字擦掉。"	P:用橡皮将格子里的字大致擦干净 E:将字擦得大致干净，但不分格子里面还是外面 F:无法将字擦掉	48~60月
	把纸张放进文件袋内●	2个单边开口的透明塑料文件袋、4张纸	测试员示范将2张纸放入文件袋，然后把剩下的纸和文件袋交给儿童，说："像我一样把纸放好。"	P:能把整张纸比较平整地放入文件袋 E:将纸塞入文件袋，但不平整 F:无法将纸放入文件袋或将纸揉成纸团放入	48~60月
	用直尺划线10厘米	纸上画着2个相距10厘米的点、长15厘米的硬尺、铅笔	把纸笔及尺子交给儿童，把纸上的2个点指给他看，说："你用尺子把这2个点连在一起，两边都不要超过这两个点。"	P:一手扶尺，一手沿尺子画线，把2点连在一起，左右不超过1厘米 E:用尺子将2点连线，但中间出现折线，即没有扶好尺子 F:无法用尺子画线	60~72月

注：★代表观察项目

　　▲代表观察或直接评估项目

　　●代表同时考察儿童模仿能力的项目

　　没有任何标注的为直接评估项目

四、智力评估

（一）韦氏儿童智力测验

1949 年，韦克斯勒首次发表儿童智力量表（WISC），适合于 5 至 15 岁零 11 个月的儿童。该表先后 3 次修订，2003 年第 4 次修订，适用范围调整为 6 至 16 岁零 11 个月的儿童、青少年。WISC- Ⅳ 已不再把测验项目分成言语和操作两部分，而是直接分成言语理解、知觉推理、工作记忆和加工速度四大领域。整套测验共包括 15 个分测验，其中 10 个是必做的分测验，5 个是补充的分测验。其中，类同、词汇、矩阵推理、积木、图形概念、填图、数字广度、字母 - 数字排序、符号搜索、译码、删除图形等分测验都可以用来评估儿童的部分感知觉能力，如听觉、视觉、空间知觉、精细动作能力。2008 年，国内对 WISC- Ⅳ 进行了修订。

（二）瑞文标准推理测验

瑞文标准推理测验（SPM）由英国心理学家瑞文于 1938 年创制，在世界各国沿用至今，用以测验一个人的观察力及清晰思维的能力。它是一种纯粹的非文字智力测验，所以广泛应用于无国界的智力 / 推理能力测试。整个测验一共由 60 张图组成，按逐步增加难度的顺序分成 A、B、C、D、E 五组，每组都有一定的主题，题目的类型略有不同。从直观上看，A 组主要测知觉辨别力、图形比较、图形想象力等；B 组主要测类同比较、图形组合等；C 组主要测比较推理和图形组合；D 组主要测系列关系、图形套合、比拟等；E 组主要测互换、交错等抽象推理能力。每组要求的思维操作水平也是不同的。测验通过评价被测者这些思维活动来研究其智力活动能力。每一组有 12 道题目，也按逐渐增加难度的方式排列，每个题目由一幅缺少一小部分的大图案和作为选项的 6~8 张小图片组成。该测验可以同时用以测试儿童的视觉、空间知觉能力。

适用年龄范围为 5 岁半至 70 岁。智力水平用百分比等级表示。一级：测验标准分等于或超过同年龄常模组的 95%，为高水平智力；二级：测验标准分为 75%~95%，智力水平良好；三级：测验标准分为 25%~75%，智力水平中等；四级：测验标准分为 5%~25%，智力水平中下；五级：测验标准分低于 5%，为智力缺陷。

（三）希 – 内学习能力测验

希 - 内学习能力测验（H-NTLA）是美国内布拉斯加州大学希斯基教授 1941 年为耳聋学生设计的一套智测量表。1966 年，希斯基对该测验做了一次修订，在修订本中同时制订了聋童常模和听力正常儿童常模，适用于 3~17 岁的儿童。1989 年，曲成毅等人发表了 H-NTLA 在我国山西省修订的研究报告，1997 年发表了基于全国样本所做的修订报告，并将修订本命名为希 - 内学习能力倾向测验中国修订本，简称 H-NTLA-CR，2011 年再次修订。该测验由 12 个分测验组成，即穿珠、记颜色、辨认图画、看图联想、折纸、短期视觉记忆，摆方木、完成图画、记数字、迷方、图画类同、空间推理。这 12 个分测验都可以同时测试儿童的视觉、空间知觉、手眼协调、精细动作等感知觉能力。

（四）斯坦福 - 比内智力量表

1905 年，比内 - 西蒙智力量表（B-S）首次发表。1916 年，斯坦福大学心理学教授推孟做了出色的修订，称为斯坦福 - 比内智力量表（SB）。此后该表又进行了四次修订。2003 年，洛伊德（G.H.Roid）发表了由他主持的斯坦福 - 比内智力量表第五次修订的修订本（SB-5），适用于两岁儿童至成人。洛伊德把整个测验分为言语领域和非言语领域两部分，每个部分均包括五个分测验：流体推理、知识（晶体能力）、数量推理、视觉 - 空间信息加工和工作记忆。其中，言语知识（定位测验）、言语视觉 - 空间信息加工、言语工作记忆、非言语流体推理（定位测验）、非言语知识、非言语视觉 - 空间信息加工、非语言数量推理、非言语工作记忆等分测验可以同时测试儿童的视觉、听觉、空间知觉以及运动知觉能力。

（五）中国儿童发展量表

中国儿童发展量表（CDDC）是北京师范大学张厚粲教授主持编制的，适用于我国 3~6 岁儿童。此儿童发展量表的内容由语言、认知、社会认知以及动作等四个方面构成，分为智力发展量表与运动发展量表两个部分，共 16 个项目。其中，看图命名、语言理解、看图补缺、按例找图、袋中摸物、拼摆图形、单脚站立（测平衡力）、立定跳远（测爆发力）、左跳右跳（测动作的灵恬性）、蹲蹲站站（测耐久力）、快捡小豆（测手眼的协调和灵敏性）等测验项目可以同时测试儿童的视觉、听觉、触觉、本体觉、空间知觉、粗大动作以及精细动作等感知能力。

第四章 自闭症儿童感觉统合训练的基本理论

大部分自闭症儿童存在感觉统合失调的问题,他们在听觉、视觉、触觉、本体觉、前庭觉等方面发展异常,对外界的刺激感觉反应过于敏感或是过于迟钝。借助多种设施和手段对自闭症儿童进行感觉统合训练,让自闭症儿童获得多种感觉刺激,使其整体感觉以及统合运动功能得到积极的发展。

一、感觉统合训练的概念

感觉统合训练是指在对自闭症儿童感觉统合能力评估的基础上,针对失调的类型,以科学有效地运用社会环境和使用各种物理器材为手段,运用适当强度的外界刺激,有针对性地发展自闭症儿童感觉器官功能的协调能力,促进大脑神经系统对信息的整合功能,使其感觉健康发展为目的的综合训练。

感觉统合训练的最佳时期是 2~6 岁,这一时期儿童的主要活动就是玩耍和游戏,因此对自闭症儿童进行感觉统合训练,游戏活动是最好的训练方式。在游戏活动设计中,可以以感觉统合训练的器材为道具,有效运用社会环境,来设计适合自闭症儿童感觉统合训练的游戏活动。

二、自闭症儿童感觉统合训练的原则

在对自闭症儿童进行感觉统合训练时,不仅要注意到他们作为儿童所具有的特点,还要充分考虑他们的特殊性。这是训练中无法忽视的重要因素。同时,训练过程中也要遵循一系列原则,使感觉统合训练达到更好的效果。

(一)以自闭症儿童为中心的原则

在感觉统合训练过程中,要根据以人为本的思想,充分考虑自闭症儿童的身心发展等多方面特点,结合自闭症儿童的发展需要及发展能力,设计可行的训练方案、组织训练工作。以自闭症儿童为中心是感觉综合训练的重要原则,贯穿训练的始终,渗透训练的各个方面,对其他原则具有引领作用。

1. 尊重自闭症儿童的发展规律

自闭症儿童的生长发育规律是一个阶段性并连续发展的过程,不同自闭症儿童的发展存在巨大的差异。但是自闭症儿童的发育又在总体上遵循着一定的发展规律。例如,大肢体动作的发展首先是颈部肌力的发展,依次是腰部肌力、腿部肌力,也就是抬头翻身、直立、爬行、站立、行走;手部动作的发展顺序是无意识的抓握、有意识的抓握、五指捏、三指捏、对指捏;口部动作的发展顺序是下颌运动、唇运动、舌运动、软腭运动;身体各部形态的发育顺序是四肢先于躯干,下肢先于上肢,呈现自下而上、自四肢远端至躯干的顺序。所以在感觉统合训练中,要重视自闭症儿童的生长发育规律,逐渐开展有针对性的康复训练。

2. 全方面支持自闭症儿童的差异性发展

自闭症儿童的感觉统合失调有很多不同的表现,导致失调有各种不同的原因,训练的效果之间也存不同的差异,每个自闭症儿童之间的差异性很大。因此在设计训练方案的时候要考虑到不同自闭症儿童的差异。所以,感觉统合训练没有一套统一的适合所有自闭症儿童的训练方案,也不会在同一时间达到的相同效果。这就要求教师和家长更加坦然地面对自闭症儿童所面临的一些具体问题。教师和家长能够深入理解并且接受自闭症儿童的差异性,这是开始感觉统合训练工作的第一步。

当然,在实际的感觉统合训练过程中,有些教师或家长往往急功近利、拔苗助长,经常会说一些打击自闭症儿童自信心的话,这经常会打击自闭症儿童的积极性。所以自闭症儿童感觉统合训练的基本规律之一是支持并尊重自闭症儿童的差异性。

自闭症儿童由于长期不与别人交流,沉浸在自己的世界里,他们的心理与同龄正常儿童相比较有如下特点。

自闭症儿童感知觉发展不协调,感知速度明显落后于正常儿童,对外界的刺激感觉过敏或反应迟钝。自闭症儿童普遍存在分享式注意缺陷，有意注意的选择性和稳定性都差，很容易被无关的刺激分散注意力，有意注意发展困难。自闭症儿童对数字及文字的机械记忆明显较强，但缺乏与现实生活的联系及事物之间联系的理解，记忆多依赖于形象记忆。思维具体化，不善于抽象思维；难以整合两个概念；难以组织和安排自己的活动；泛化困难，思维方式自我中心化。情绪体验简单，高级情绪出现很晚，情绪并非针对具体的人和事情，具有弥散性；大多数情绪由低级的生理功能引起，和心理感受无关；情感和社会互动方面困难；依恋情感缺乏。自闭症儿童在生活中往往有自我刺激行为、刻板行为、攻击性行为等。自闭症儿童对自己兴趣以外的其他活动缺少主动性（意志发动困难），对感兴趣的活动又有难以抑制的冲动性（存在着意志的抑制缺陷）和不良的行为表现，意志薄弱、易受暗示和固执。自闭症儿童需要的发展很不平衡，低级的、原始的生理性需要经常占主导地位、存在需要的"亢进"现象；需要以自我为中心。对普通儿童喜欢的玩具、游戏、衣物不感兴趣，而对普通儿童不作为玩具的物品非常感兴趣。

（二）兴趣性原则

自闭症儿童对自己感兴趣的事物或者活动特别执着。针对自闭症儿童的这一特点，在感觉统合训练当中，首先从自闭症儿童的兴趣出发，根据自闭症儿童的兴趣选择训练项目。自闭症儿童对训练项目感兴趣，参与训练的积极性就会高，训练也就越有效果。其次要处理好兴趣与训练的关系。如自闭症儿童前庭失调，可是自闭症儿童对大笼球感兴趣，而大笼球以触觉训练为主，可以改变大笼球的玩法：让自闭症儿童趴在大笼球上，教师双手分别握住自闭症儿童的脚腕，使大笼球来回滚动，从而达到前庭训练的目的。在训练过程当中，对于自闭症儿童已经掌握了的技能，教师要密切关注自闭症儿童完成动作的心理行为状态，如主动性、集中性、努力程度、完成的质量及速度，及时加以调节，以确保自闭症儿童有较高的兴趣参与训练活动中。因此，在训练的过程中，不能一味要求自闭症儿童刻板地进行训练，应适当地播放音乐、做小游戏、讲小故事，激发学生训练的积极性。

（三）关爱性原则

有些自闭症儿童在感觉统合训练的过程当中反应较慢,对于教师的某些指令,不愿意听从,自我意识较强烈。在对自闭症儿童进行感觉统合训练时,教师要有爱心、耐心、责任心,用平和的心态接纳他们,用温和的语言和他们交流,充分理解这些自闭症儿童,多站在自闭症儿童的立场上来考虑问题,细心观察他们的行为,包容、关心、爱护他们。自闭症儿童在掌握有些训练项目时可能会感到困难,这时教师要耐心地加以引导,让自闭症儿童逐渐掌握训练技能,培养自信心,体会成功带来的快乐。在进行重复性的训练活动时,要增强对儿童的关注度,关注他们的动作完成情况、情绪变化等,根据这些变化对训练项目进行调整,确保自闭症儿童在进行每一次感觉统合训练的时候都保持较高的积极性。在训练中还要注意不能强迫自闭症儿童一定按照正常人的习惯行事,要用他们喜欢的方式接近他们。

（四）早期干预原则

儿童期是整个身体和神经系统发育最迅速的时期,可塑性很大。儿童感觉统合训练的最佳期是 2~6 岁,如果及早发现自闭症儿童感觉统合失调的问题,及早针对问题进行训练,训练的效果就会明显,神经功能恢复就会较好,表现出与同龄正常儿童的差异性较小。如果训练得迟,就会错过最佳的感觉统合训练干预期,他们的神经功能恢复就差,与同龄正常儿童的差异就会明显。因此,对自闭症儿童进行感觉统合训练要越早越好,越及时越好。

（五）快乐性原则

在感觉统合训练的过程中,自闭症儿童以快乐的态度参与到训练中会起到事半功倍的效果。要想让自闭症儿童在训练中体会到快乐,首先可以通过利用游戏构建一种和谐、宽松、愉快的环境。这种环境使感觉统合教师与自闭症儿童建立亲密、信赖的关系,自闭症儿童感到安全、满足和温暖,这本身就起到了一定的治疗作用。感觉统合训练开始前,教师一般都会微笑着和自闭症儿童打招呼,在自闭症儿童能接受训练的过程中,经常给以适当支持。训练的内容要时常更新,训练的方式也尽可能选择自闭症儿童感兴趣的活动。其次,教师在感觉统合训练当中积极地肯定自闭症儿童的优点,鼓励他们去尝试进行以前从来不敢完成的训练活动,使自闭症儿童的能力一点点提高。屡次尝试也使他们在失败中积累了经验,动作越来越熟练,自信心也越来越强了,发现自闭症儿童取得一点进步,都要及时由衷地夸奖他,让他们有成就感。

(六)反复练习原则

自闭症儿童感觉统合训练是一项长期而艰巨的工作。在训练时反复练习,可巩固往日所学技能。自闭症儿童的记忆存在欠缺,他们对自己不感兴趣的事物或活动记得慢、忘得快,即使是他们十分熟悉的事物,也无法像一般儿童一样在脑中保存下来。比如,最简单的刷牙、洗脸、吃饭、上学等日常活动的顺序,自闭症儿童都无法完全记住,做完这件事可能就忘记了下面应该做的事情是什么。在感觉统合训练当中,家长和教师对每一个训练都要进行反复讲解、示范,反复提醒、提示自闭症儿童待他们掌握训练的技能后,让他们独立完成训练项目。对他们做得不标准的动作,要反复帮助自闭症儿童纠正错误;对于他们在训练中好的表现,要及时给予强化。

(七)循序渐进原则

自闭症儿童自身的认知发展受限,因此在训练当中要遵循由易到难的原则,训练的内容由单一领域的专项训练逐渐发展到多个领域的整合训练,训练的方式由被动训练到助动训练,逐渐过渡到主动训练。训练的难度由简单到复杂。评价反馈的方式由训练初期的发展优点、注重鼓励表扬逐渐发展到全面评价,注重细节和动作的规范性以及训练的质量。

三、训练的组织形式

训练的组织形式是自闭症儿童进行感觉统合训练的重要内容之一,它不仅影响训练活动的实施,也影响着训练的效果。自闭症儿童感觉统合训练主要采用的训练形式主要是个别化训练、集体训练。轻度的自闭症儿童可以在个别训练的基础上采取儿童自助式训练,在集体训练的基础上采取互动、互助式训练。

（一）个别训练

个别训练是指教师独自或者是所有参训人员共同合作,对一名自闭症儿童进行感觉统合训练的组织形式。主要包括一对一的训练和多对一的训练。

1. 一对一的训练

所谓一对一的训练是指一个教师对一个自闭症儿童进行的训练。教师对自闭症儿童进行感觉统合训练时,首先适时介入自闭症儿童正在进行的活动,教师在活动中将自己的想法和操作技能逐渐渗透到该活动中,以增加自闭症儿童对自己的了解和信任,与自闭症儿童建立起合作关系,尽可能地让自闭症儿童熟悉自己的信息表达方式。其次,陪伴自闭症儿童完成训练活动。在活动中,教师一方面为自闭症儿童提供心理支持,消除自闭症儿童对训练项目的恐惧感,建立安全感。另一方面,教师可跟随自闭症儿童左右,协助自闭症儿童完成训练项目。第三方面,教师对自闭症儿童的训练项目进行指导、示范,鼓励自闭症儿童大胆进行尝试,鼓励自闭症儿童独立完成任务。教师需有意识调控训练的进程,对一些难度过大的项目,自闭症儿童无法独立完成,就适时给予指导和帮助。有的自闭症儿童容易受他人影响,无法进行团体训练活动或是团体训练效果不佳,需要"补课";还有一些自闭症儿童有攻击行为或情绪问题,容易伤害他人。这些自闭症儿童都需要教师只针对其一人进行系统训练,这种训练组织形式就是一对一的训练。一对一的训练人力资源投入较大,自闭症儿童面对成人的示范与指导,多数有心理压力。但是这种形式没有同伴间活动,竞争压力相对较小。在针对自闭症儿童的训练中,一对一的训练是最普遍的形式之一。

2. 多对一的训练

多对一的训练是多名教师(一名主训教师和多名辅助教师)和家长对同一个自闭症儿童进行的感觉统合训练。有些自闭症儿童自闭程度较重,可能存在严重的情绪、行为问题,一位教师无法单独完成对自闭症儿童的训练,需要多名教师共同合作,协助自闭症儿童完成训练项目。多名教师只针对一名儿童,可以使障碍程度较重的自闭症儿童得到更多、更好的训练,训练的效果也相对较好。但是训练过程中人力资源投入较大,耗资费力。

(二)集体训练(班级教学或小组训练)

对自闭症儿童的感觉统合训练,除了个别训练外,最重要的就是集体训练。这一组织形式主要适用于轻度自闭症儿童在中后期的训练,在训练过程中,所有参训自闭症儿童在教师的指导下进行同样内容的训练。自闭症儿童感觉统合训练的集体训练可以是一个班,也可以是一组。不论是班级还是小组,最好不要把自闭症儿童单独编为一个班或一个组。因为自闭症儿童缺少与同伴沟通交流的能力,常常沉浸在自己的世界里,所以集体训练时,最好与同龄的正常儿童一起游戏或活动。在游戏或活动中,同伴之间的相互模仿与交流是自闭症儿童获得语言与交往技巧的很重要渠道。如果没有条件,最少也要与智障、脑瘫的儿童组成班级或小组,因为这两类儿童虽有智力的、肢体的障碍,但他们都有模仿学习的能力,有沟通交流的欲望,他们能主动地与自闭症儿童交流。在训练的过程中,教师应该密切关注参训的自闭症儿童,确保他们在教师的视线范围内,时时关注儿童安全。集体训练人力资源投入少,在专业教师不足的情况下大多采用这种形式,儿童之间可以相互学习。训练过程中,能力较强的自闭症儿童可以扮演训练的辅助人员,帮助能力较差的自闭症儿童完成训练。集体式的组织训练形式在学校和训练机构中普遍存在,儿童在训练中容易建立平等友好的关系,互帮互助更利于训练活动的顺利进行。

1. 班级训练或小组训练的安排

在班级训练中,一个班最好安排 6~8 名儿童,配备两名教师。小组可以是两个儿童一组,也可以是 3 个、4 个等,这需要教师根据训练内容来确定小组的人数。集体训练的时间要根据儿童的能力来确定,一般是 30 分钟,如果儿童太小,也可以是 20 分钟或 15 分钟。对一个自闭症儿童来说,每天安排几节集体课,要根据自闭症儿童的实际需要来确定。

2. 集体训练中的注意问题

集体训练的形式最好是游戏或活动。在活动或游戏中,教师要根据每一位自闭症儿童的身心特点，采取相应的训练方法，注意调动每个儿童的积极性，让每一个儿童都参与进来。

当自闭症儿童反复地问同样的问题时，教师要有足够的耐心，认真回答自闭症儿童每次提问的问题。自闭症儿童对于训练过多次的内容还会经常遗忘，这时，教师一定不要操之过急，要耐心地教导，利用平时的时间，经常地巩固训练，达到强化记忆的目的。

教师要精心设计每个训练环节，要让每个自闭症儿童都体验到成功的快乐，体验到利用语言交流的乐趣和满足，激发他们运用语言交流的积极性和主动性。

教师设计的活动内容要体现自闭症儿童之间、自闭症儿童与其他障碍儿童或同龄正常儿童的相互协作与配合，让自闭症儿童体验到伙伴交往的乐趣，学会分享、学会积极参与、学会等待、学会谦让、学会助人。

四、感觉统合训练计划的制定

感觉统合训练计划是根据训练目标的要求以时间为线索对训练工作的各种条件做出的实际安排。在感觉统合训练前，教师一方面要为每一个自闭症儿童制定训练的个别训练计划，还要为班级所有的学生制定集体训练计划。集体训练计划的制定一定要参考班级中每一个学生在个别化训练计划当中的要求。制定训练计划，开展自闭症儿童感觉统合训练可有效避免训练的随机性和盲目性，提高训练的质量。

（一）训练计划制定的内容

1. 训练目标的确定

训练目标是进行感觉统合训练期望达到的一种状态，是训练相关人员努力的方向。它是训练活动的核心，对训练活动的推动、实施具有重要的牵引作用。感觉统合训练计划的目标可以分为总体目标和具体目标。总体目标又叫作长期目标，是训练对象经过长期、系统的训练期望达到的目标。它对训练计划整体的制定和实施都有牵引作用，同时也是制定具体目标的依据。具体目标也可以称为短期目标或者阶段性目标。它是训练对象在具体的训练周期内需要达到的目标，对具体训练计划的制定和组织实施具有直接的指导意义,是实现总体目标的基础。训练目标的制定应在对自闭症儿童感觉统合能力评估的基础上,针对自闭症儿童感觉统合能力失调的主要问题来确定训练目标,目标的制定要遵循具体的、可测量的、可达到的、现实的、限时的等原则。

总体目标的制定是由感觉统合训练主训教师、辅助教师、自闭症儿童家长以及其他各科教师对自闭症儿童感觉统合训练各要素进行分析、讨论的基础上,对训练结果做出预判,就总目标达成一致意见并确定目标的优先顺序。具体目标是对总体目标的具体分解,每个具体目标应落实到具体的月目标、周目标、课时目标当中。

2. 训练内容的确定

对于感觉统合训练内容的确定,首先进行的是各感觉分领域的训练,以丰富自闭症儿童的视觉、听觉、触觉、味觉、嗅觉、前庭觉、本体觉各领域信息,训练一定周期后再根据自闭症儿童的情绪状态和运动能力设计综合的感觉统合训练内容。一般对于有攻击性行为和严重不良情绪的自闭症儿童,除了感觉统合行为的训练外,还要考虑到减少异常行为;对于轻度自闭儿童,可减少感觉分离与训练的内容,增加感觉训练的内容,训练的中后期还可以增加言语与认知方面的内容;对于中重度的自闭症儿童,要增加分领域训练的内容和时间,实施尝试各感觉之间的综合训练内容。

3. 教师的确定

参与自闭症儿童感觉统合训练的人员一般为感觉统合训练教师(必须具备感统师的资格)、辅助训练教师(如志愿者、义工、实习教师)、自闭症儿童家长。

4. 训练周期及训练时间的确定

自闭症儿童的感觉统合训练的周期一般为 3 个月,训练时间的安排,一般一周 3~5 次,每次 1 小时(这 1 个小时可分为 40 分钟的大肢体动作的训练, 20 分钟的精细动作的训练)。根据儿童的年龄,可适当调整时间, 3 岁以下每次 30 分钟(10 分钟精细动作, 20 分钟大运动), 3~6 岁每次 45 分钟(15 分钟精细动作, 30 分钟大运动), 6 岁以上每次 1 小时。

5. 训练资源的确定

感觉统合训练功能教室一般不小于 80 平方米，最好有两个感统训练教室。其中一个面积可小于 80 平方米，这个主要适合做个训和控制环境。感觉统合训练教室周围的墙壁要有软包，训练器材的配置最少要符合基本标准（感统器材的公司都有配备标准）。训练器材一般包括如下几部分（器材的选用根据训练的目标和活动方案的需求来确定）。

适合本体觉训练的器材：跳床、平衡木、晃动独木桥、滑板、S 型垂直平衡木、S 型水平平衡木、圆形平衡板、羊角球、蹦床、大笼球、按摩球、滚筒、平衡踩踏车、跳袋等。

适合触觉训练的器材：按摩球、海洋球池、平衡触觉板、大笼球、滚筒、钻笼等。

适合前庭觉训练的器材：圆筒、平衡踩踏车、大笼球、滑梯、平衡台、晃动独木桥、跳袋、圆形滑车、独脚椅、大陀螺、竖抱筒、滚筒、S 型垂直平衡木、S 型水平平衡木、蹦床等。

任何一种训练器材除了可进行分领域的训练外，也可以进行多感觉系统间的统合训练，如大笼球、平衡木、蹦床、滚筒、跳袋。感觉统合训练可以借助感觉统合训练器材来实施，也可以不借助专门的器材徒手进行，还可以利用日常生活中的环境和资源进行训练。

（二）训练计划制定的步骤

首先，训练的主训教师草拟训练计划内容。其次，训练的主训教师、辅助教师、家长以及特殊教育学校或康复机构的负责人共同对主训教师草拟的训练计划进行分析、讨论，协商完善训练计划并初步制定训练计划。最后，在开展感觉统合训练的过程中，主训教师如果发现训练计划中有些内容明显不适用于自闭症儿童，应与辅助老师及家长协商对有关内容加以修改。

（三）训练计划协议的制定

训练计划协议是特殊教育学校或训练机构与自闭症儿童家长签订的一份关于开展自闭症儿童感觉统合训练活动的各方面安排的文本。训练计划协议包括儿童信息、训练目标、训练计划等方面内容，见表4-1。

表 4-1　自闭症儿童感觉统合训练协议

姓名		性别	出生日期		
儿童基本情况概述					
总体目标			具体目标		
自闭症儿童家长姓名及联系方式					
接案日期		教师	联系方式		
训练计划					
训练主题	责任人	参与人及角色	家庭训练任务	开始时间	结束时间
特别说明					
儿童家长签名日期			教师签名、机构盖章日期		

注：本表参考王和平特殊儿童感觉统合训练中的训练计划协议

感觉统合训练计划协议是感觉统合训练计划得到落实的一个重要保障，能对参与训练的家长及教师起到约束的作用，同时当在感觉统合训练过程中出现争议时，也可以作为双方解决争议的重要依据。

五、训练活动方案设计

训练活动方案是以教师直接组织自闭症儿童开展感觉统合训练活动的行动志向和指南。系统的训练活动方案包括训练主题的设计、对训练对象的分析、对训练目标的确定、活动内容的确定、训练资源的要求、训练难点的确定、训练环境的创设、训练的技术与方法、训练的技术要素、训练项目的调整、家庭训练内容的确定。

（一）训练主题的设计

训练的主题是根据自闭症儿童感觉统合训练的需要设计的，是对训练活动内容的概括，一般有单一主题的训练、多个主题的训练、整合主题的训练。对于低功能、注意力较差、有情绪行为、程度较重的自闭症儿童一般采用多个主题的训练，包含多个项目的训练，每节课训练二至四个项目。对于每一种感觉的训练应采用单主题训练，主要围绕前庭觉、本体觉、触觉、知觉动作协调等某一方面来实施。对程度较轻的自闭症儿童，主要采用整合主题的训练，主要围绕两种及两种以上感觉系统的训练或感觉与认知、言语、动作间的整合协调训练。

（二）对自闭症儿童感觉统合能力及相关要素的分析

教师要对自闭症儿童感觉统合能力评估结果进行分析，找出感觉统合能力的优势与问题，同时还要对其社会交往能力、语言表达能力、认知能力、情绪行为、运动能力进行分析，为感觉统合训练目标的制定、训练起点的确定提供依据。

（三）训练目标的设计

训练目标是训练计划目标的具体实施，依据训练计划，结合活动的主题，针对自闭症儿童感觉统合能力发展的需求来确定。训练目标的陈述要具体、可测量、可达到、可实现，目标的制定一定是在感觉统合能力发展的最近发展区内来确定。

（四）训练内容的设计

训练内容的设计要依据训练主题来确定。训练项目的选择要围绕活动的主题及自闭症儿童感觉统合失调的类型来确定，一般单主题训练一次训练一个项目，多主题训练一次训练二至四个项目（项目的多少要依据自闭症儿童的实际需要）。整合主题训练设计的内容比较宽泛，既要有单一感觉领域训练，又要有各感觉间的整合训练，还要兼顾到语言、认知、行为等方面的训练。

（五）训练资源的设计

感觉统合训练的资源设计有两个方面。一是人力资源的设计。感统训练所需要的人力资源包括主训教师、辅助教师、家长、义工、志愿者、实习教师、特殊教育学校或是训练机构的负责人。在每一次的具体训练中，人员要根据训练的主题、自闭症儿童的感觉统合能力、自闭症儿童发展的需要具体确定。二是物力资源的设计。感觉统合训练所需要的物力资源主要包括训练的场地、训练的器材、训练环境的布置等,要根据主题活动的要求和自闭症儿童感觉统合训练的实际需求来确定。

（六）训练重难点的确定

感觉统合训练的重点一般为针对自闭症儿童感觉统合失调的问题进行的训练。训练难点的确定受自闭症儿童自身能力的制约,因为自闭症儿童之间的差异大,如有的自闭症儿童语言较差,有的自闭症儿童有严重的情绪行为,有的自闭症儿童缺乏安全感,有的自闭症儿童对某种事物过分敏感。因此训练的难点应根据每一个自闭症儿童的特点与感觉统合能力发展需求来确定。

（七）训练环境的创设

1. 个别训练环境的创设

对自闭症儿童进行一对一的个别训练,是一种非常重要的训练方式。自闭症儿童之间存在差异性,要根据每个孩子的自身情况设计不同的教学策略、教学内容。个别训练需要专门的个别训练室,需要找一个视觉和听觉刺激较少、相对固定的地方。地面上应铺上地毯,房间的布置要尽量简单,以暗色调为主,光线必须充足,周围不可以有吸引自闭症儿童注意力的物品。

2. 集体训练环境的创设

在户外,要多创设一些自闭症儿童与正常儿童一起活动的机会,在活动中引导自闭症儿童与同龄正常儿童交流,同时也要鼓励同龄正常儿童与自闭症儿童一起玩耍,使自闭症儿童在与同龄人的接触中提高语言表达能力和社会交往能力。在感觉统合训练室中对自闭症儿童进行集体训练时,最好不要把自闭症儿童单独放在一起。自闭症儿童本身就缺乏与他人的交流沟通,愿意沉浸在自己的小世界里,可以让智障儿童、脑瘫儿童与自闭症儿童组成一个小组,这两类儿童都有模仿学习和交流的能力,他们在训练中相互模仿、交流,可以使自闭症儿童掌握语言与交往的技巧。

（八）训练技术与方法

根据受训儿童在训练过程中的独立程度,感觉统合训练的方法分为被动训练、助动训练、主动训练。感觉统合训练初期，自闭症儿童还未掌握训练项目的操作要领，需要采取被动训练、助动训练的训练方式；感觉统合训练的后期，自闭症儿童已经基本掌握了训练项目的操作要领，可独立完成训练项目，这时可以采取主动训练的训练方式。

1. 被动训练

在进行训练活动时，教师主导训练活动，受训自闭症儿童被动进行训练的训练方法为被动训练，主要用于自闭症儿童在能力不足或是训练项目难度过大的情况下，在教师作出示范后仍然无法完成教师指定的动作，或是动作不规范，这时就需要教师从旁协助完成。对于不能控制自己行为的自闭症儿童，训练活动只能采取被动训练。对于有一定危险性的训练项目，训练时为避免对儿童造成伤害，也需要采用被动训练。

2. 助动训练

助动训练是自闭症儿童在感觉统合训练的某些环节上存在问题，需要教师协助的训练方法。助动训练主要在以下情境中实施：受训的自闭症儿童在训练的某一项目上努力多次仍旧失败，教师给以一定的指导，帮助其突破难点；儿童对一些训练设备或是项目存在恐惧；不敢进行训练时，教师可从旁辅导，帮助其建立信心，克服恐惧；自闭症儿童在完成训练项目的过程中因为细节操作不当导致训练活动不能顺利圆满完成时，需要教师给予指导帮助。

3. 主动训练

主动训练是依据教师的安排，受训的自闭症儿童主动独立开展指定训练活动的训练方法。主动训练一般适用于儿童掌握训练操作要领，具备应对意外发生的能力的情境下。训练过程中，教师须关注、监控儿童的训练活动。能够进行主动训练的自闭症儿童大都具有较高的自觉性和主动性，教师在对这些自闭症儿童进行感觉统合训练时容易放松警惕，这就有可能造成训练效果不佳，因此，对主动训练的自闭症儿童依然要保持较高的警惕性，积极关注参与训练的儿童。

（九）训练的技术要素

自闭症儿童感觉统合训练的技术要素包括教师的技术要素、受训的自闭症儿童的技术要素。教师的技术要素包括示范、指导、评价、反馈以及支持。示范是指教师通过肢体动作向接受感觉统合训练的自闭症儿童展示训练项目操作要领的过程。指导是指在自闭症儿童尝试进行训练动作的操作过程中，教师根据自闭症儿童的操作，借助言语对自闭症儿童操作不当的地方进行纠正，巩固训练技能。对自闭症儿童感觉统合训练的评价、反馈要多从积极的方面进行，善于发现自闭症儿童表现优异的地方，多对他们进行鼓励，提高自闭症儿童参与感觉统合训练的积极性。支持是训练的每一个阶段都不可或缺的，包括心理支持以及技术支持。心理支持是教师在训练的过程中根据自闭症儿童表现出的不适症状采取的措施，如给自闭症儿童一个拥抱。技术支持是教师为了确保自闭症儿童接受感觉统合训练的效果采取的措施。自闭症儿童的技术要素指对项目操作要领的理解，训练的体位姿势是否正确，在训练中能否进行合作，能否主动地参与训练。

（十）训练项目的调整

感觉统合训练不可能按照训练计划一成不变地进行，在训练的过程中难免会出现一些突发情况，这就要求对训练的项目作出一定的调整。在进行训练活动设计时，要对可能发生的突发情况进行预判，预先设计好可供备选的训练项目。

（十一）自闭症儿童的家庭训练

自闭症儿童进行感觉统合训练不仅需要在专门的机构或者是特殊学校进行，也需要在家庭中进行。家庭训练有利于巩固自闭症儿童已经掌握训练项目的操作技能。自闭症儿童在专门的机构接受训练的过程中，家长也要参与进去，以便于在家庭中继续为自闭症儿童进行持久的训练。自闭症儿童在家庭中进行感觉统合训练会对家庭带来极大的影响，这就需要家庭成员之间做好协商，分工合作，共同努力，帮助自闭症儿童做好感觉统合训练。在家庭中需要做好以下几点。一是家长要有耐心，时刻调整自己的心态，以一种积极的态度去对待自闭症儿童的训练。训练不是一朝一夕的事情，每一个自闭症儿童的情况不同，训练的效果无法保障，要做好长期训练的准备，而且可能会打乱家长的工作、生活安排，家长要合理安排工作事务，以自闭症儿童的训练优先。二是创设合适的家庭环境。自闭症儿童在家庭中进行感觉统合训练，需要对家庭环境做一定程度的改变，比如将家中多余的房间布置为感觉统合训练室。如果家中没有多余的房间，家长需要尽可能地开辟训练场地，调整家具的摆放位置，同时家具的棱角也要藏好，将危险器具放在儿童无法触碰到的地方，为儿童创设安全、舒适的训练环境。

六、感觉统合训练的实施

（一）训练的准备活动

训练的组织实施是实现训练活动目标、提高自闭症儿童感觉统合能力的核心部分，而训练的准备是训练组织实施的最开始阶段，是参加训练的所有成员为了使训练活动顺利展开而进行的一系列准备工作，主要包括教师需要进行的准备工作、自闭症儿童及家长需要进行的准备工作。

1. 教师的准备工作

自闭症儿童的生理、心理、行为特点要求教师在对儿童进行训练之前，需要对受训的自闭症儿童进行全面了解，为训练的实施做好准备。

（1）了解自闭症儿童的情况。

充分了解自闭症儿童的基本信息。在训练的初期阶段，教师要对参加训练的自闭症儿童有一个基本的全面了解，包括儿童的基本信息、诊断评估的内容、康复训练经历、儿童的特点。在对自闭症儿童进行训练的过程中，教师要及时记录自闭症儿童的反应，如情绪变化、异常行为、合作行为，为后续的训练做好准备。

与自闭症儿童建立良好的关系。自闭症儿童与教师的关系对训练中儿童的配合度、训练完成的质量有直接的影响。这就要求教师在充分了解自闭症儿童的生理、心理、行为特点后，主动参与到自闭症儿童的日常活动中，让受训的自闭症儿童对自己产生熟悉感。这可以使自闭症儿童对教师的信任度提高，产生依恋感，对后期开展有效的训练是十分重要的。

自闭症儿童往往存在刻板行为。他们喜欢一成不变的训练环境、训练组织实施顺序。相对稳定的环境有助于自闭症儿童参与到训练当中去,但这其实是不利于自闭症儿童感觉统合训练的总体效果的。这样做会限制自闭症儿童的认知范围,从而影响其语言和社会交往能力的发展。在训练初期,为了保证自闭症儿童的安全感,可以使其在一个相对熟悉的环境中进行训练,但到了中后期就要根据自闭症儿童的情况适当对训练环境做出调整,提高儿童的适应性,缓解刻板行为。

（2）熟悉训练方案。

每次感觉统合训练开始之前,教师都要对训练的活动计划进行熟悉,包括熟悉训练的各个目标、训练的项目、训练的顺序、训练的形式以及训练的技术要素。教师只有熟悉了训练方案,才不至于在遇到意外情况时手足无措、手忙脚乱,从而可以流畅地对自闭症儿童进行感觉统合训练。

（3）准备训练设备。

教师要根据制定的训练方案营造训练环境,根据训练的内容选择训练所需的设备。一般的学校都有两个感觉统合训练室,可将训练不需要的设备放在不使用的感统教室内,以防止对训练造成干扰。设备选择完毕后需要对设备的安全性、清洁状况进行检查,还要进行强化物的准备工作。

（4）教师自身的准备。

教师需要长期面对自闭症儿童,因此训练时容易产生不良的心理状态。训练往往短期内没有太明显的效果,训练"无效"状态容易对教师的积极性造成挫伤。针对这些问题,教师需要在训练过程中时刻调整自己的心态,以积极的心态组织训练活动。每次对儿童进行训练要有针对性,不要一味地机械完成训练任务。教师在进行训练时也要注意自己的着装,着装大方得体更利于训练活动的组织实施,且易于获得儿童及家长的尊重、信赖。

2. 自闭症儿童的准备工作

参加训练的自闭症儿童在训练前需要做适当的准备工作,以适应训练的需要,确保训练能够顺利进行,主要包括着装、饮食及个人卫生、训练时间等的准备。首先是着装准备。参训的自闭症儿童的内外衣服都要合身，不能穿过于肥大或过于紧身的衣服。感统室内很多的训练设备都是塑料制品，因此受训儿童不宜穿毛材质的衣服，以防止训练时与训练器械发生摩擦起电。训练前要检查儿童是否佩戴饰品，口袋内是否装有玩具、通讯、学习用品等物品，防止在训练过程中物品受损或者是伤害儿童和教师。儿童训练时不宜戴手套、脚套，以防影响儿童的感觉判断。其次是饮食及卫生准备。训练前三十分钟可以让参训儿童适当吃东西、喝水，但是不能吃得太饱，也不能空腹参加训练。训练开始之前，家长要帮助儿童处理好个人的卫生，手、脚、脸等要干净，鞋袜不能有异味，以保证感觉统合训练室内空气状况，训练的设备不被污染。儿童在训练过程中容易想去卫生间，因此要处理好大小便问题。最后是训练时间的安排。自闭症儿童在训练期间要特别注意饮食安全、保证睡眠充足，以健康的身体、充沛的精神参加训练活动。儿童大多有午睡的习惯，自闭症儿童初醒时对其进行的训练不宜难度过大、强度过大。

3. 家长的准备工作

家长在儿童感觉统合训练中扮演着不可替代的角色，发挥着重要作用。家长主要是要做好心理准备，准备好接受训练过程带来的压力，如训练进程慢、训练效果不明显、训练周期长。家长在儿童参与训练的过程中要学习适合自家孩子的训练方法，学习训练技术。对于自闭症儿童接受训练所需要的物品，家长也要准备好。

（二）训练活动的组织

训练活动组织形式要根据自闭症儿童的实际情况进行选择。在感觉统合训练的初期，对自闭症儿童进行训练宜采用一对一的形式，训练的内容也要根据自闭症儿童的自身需要进行选择，一般以大运动和精细动作训练为主。感觉统合训练中后期，自闭症儿童与教师已经彼此熟悉，儿童也已经基本掌握了训练项目的操作技能，这时可以采用小组或者是集体的训练组织形式。

（三）训练方式

自闭症儿童在感觉统合训练初期采取被动训练的方式，逐渐过渡到助动训练,再到主动训练。自闭症儿童刚开始进行感觉统合训练,对训练的要求、规则不了解,训练时缺乏坚持性,训练的量难以得到保证。教师要对自闭症儿童进行被动训练,这种训练方式能确保感觉统合训练的强度。自闭症儿童在接受一段时间的感觉统合训练后,已经基本掌握训练的技能,而且有了主动参与感觉统合训练的意识,这时可对儿童进行助动训练,只在自闭症儿童遇到困难时,教师给予一定的支持和帮助。有的自闭症儿童障碍的程度较轻,且经过了一段时间的感觉统合训练有了相对较高的积极性和主动性,在感觉统合训练的后期可以采取主动训练。自闭症儿童进行主动训练需要掌握训练活动的操作要领,具有主动参与训练的积极性,具备一定的应对危险的能力。在不同的训练阶段、训练情境要选择不同的感觉统合训练方式,还要考虑到自闭症儿童自身的能力以及训练项目的难度等技术要素。

第五章 自闭症儿童的感知觉训练

一、自闭症儿童的视觉训练

在日常生活学习中，自闭症儿童各方面能力的发展离不开感知觉能力的发展，而视觉能力的发展又在感知觉能力中起到重要作用。人类接受的大部分外部信息都是从视觉得来，大大超过其他感知觉。视觉信息具有信息量大、速度快、整体性强等特点，还有检验其他感觉所获得信息的功能。然而自闭症儿童的视觉存在一定的异常表现，并非是视力障碍，而是由于视觉感知能力异常。有的对某些特定物品表现出高度的敏感性，有的对物体的长短、厚薄等特性表现出迟钝性，有的对色彩、光线的明暗具有很强的感知，而有的对某种单一颜色表现出着迷或者避而远之。

自闭症儿童的视觉特点因人而异，他们所表现出来的行为特点有共性也有个体差异性。但这些并不是自闭症儿童所特有的，当儿童有以下总结的行为特征时，并不能断定其就是自闭症。

眼睛是心灵的窗户，在自闭症儿童身上，这一特点表现得更为明显。一般情况下，我们在与人交谈过程中会与对方有一定的眼神交流和注视，而自闭症儿童在与人交流时总是回避他人的目光，基本上不会与人对视。自闭症儿童会对一些特定物体表现出高度的敏感性。例如，他们有的会对转动的物体或是某一张图画特别感兴趣，他们会长时间地盯着看，或者将东西举起以某一个特殊的角度和距离去注视，或者会手舞足蹈、大喊大叫。有些自闭症儿童在细节观察上比常人要快很多，例如他们可以在一幅集体合照中快速找到某一个指定的人物，但对眼前较大的障碍物却如同视而不见，这让自闭症儿童的家长误以为自己的孩子有特定的视力障碍。

　　自闭症儿童的视觉成像可能也异于常人,他们喜欢用手遮住双眼、睁一只眼睛、蒙住一只眼睛或是斜着眼睛;看东西也可能会有重影的情况;看电视或玩圆圈游戏时,喜欢晃动身体或是斜着身子。自闭症儿童的视觉注意能力会有一定的差异,视觉注意转移困难,他们很难将视线从一个物体转移到另一个物体上来,如看黑板之后再看自己的书本;视觉捕捉和视觉追视能力不强,视线很难快速定位空中移动的物体,也不会追随物体移动。

　　大部分自闭症儿童对视觉性文字信息登记好,经常过目不忘,同时理解视觉信息也相对较快,也就是他们大都具备视觉学习的优势,因此我们在教育中要充分考虑其优势,例如把要发的指令变成文字让他们看,他们能对指令给出更好的反应。有些自闭症儿童对光线、色彩表现很敏锐,有绘画天赋。但是有些自闭症儿童的视觉辨别能力较弱,可能会分辨不清图片、文字、符号和物品之间的不同之处和相同之处;对文化课的学习有困难,如搞不懂字的大小、所占的空间、数字的顺序,写字参差不齐,不工整;在读书、写字时,会跳过某些数字或是某些词,不能按照应有的读写顺序来书写;对自己阅读的东西没有一个形象上的概念,不能把图片、文字与具体的实物联系在一起。

　　自闭症儿童对物体的空间位置关系的理解可能会存在一定的困难,特别是相对位置关系,如上、下,前、后,先、后,左、右。他们会将房间里的家居物品摆放在固定的位置,细致到物品的方向也是固定的,但是在行走时,他们却可能会撞到家具或是上台阶时踩空,方向感很差。他们做一些精细的动作困难,如拼图或是按虚线剪纸,总是逃避集体活动。

（一）自闭症儿童视觉训练的目标

　　自闭症儿童的视觉训练目标可以分为视觉注意力、视觉追视力、视觉记忆力、视觉辨别力、视觉想象力五个方面。为了实现这些目标,应该开展多种多样的活动。在设计这些活动时,有时可只针对目标中的一项,有时可针对几项,有时也可以针对所有的目标。

　　需要强调的一点是,自闭症儿童的视觉训练开展的各种活动应该和他们的生活环境紧密联系。由于他们对自己身边的事物比较熟悉，开展与这些事物有关的活动就使他们易于理解，从而能帮助他们进一步发现自己已经见到、观察到的事物新的属性和特征。

1. 视觉注意力

要激发自闭症儿童的好奇心，让他们仔细观察日常见到的种种事物，并进行描述。让他们能注意到突然出现在眼前的东西；注意到后，能够持续地注意，而不是立马去看别的东西；如果眼前不止一个东西，要选择注意哪一个东西，忽略不相关的；必须同时注意两件事物以上的时候，能够妥善分配及应用。

2. 视觉追视力

看到物品以后，目光能追随物品上、下、左、右、顺时针、逆时针移动而移动。

3. 视觉记忆力

自闭症儿童见到一件事情后，要让他们复述这件事情的经过，而且要讲得生动、形象；让他们凭记忆对自己熟悉的一个房间内的陈设进行叙述，要尽可能和实际情况相吻合；把现在看到的东西和以前的经验作比较，加以分类、整合再储存在大脑中，即所谓的视觉记忆或再认能力。

4. 视觉辨别力

让自闭症儿童能发现表面看来是相同的几张插图或几个几何图形等实物的不同点，或让他们找出一些表面不相同的实物的相同点；让自闭症儿童辨认自己在周围环境中见到的各种相同的事物和不同的事物；能认出物体之间特征的异同点，区分一个物体与另一个物体。

5. 视觉想象力

让自闭症儿童能对属于同一种颜色的若干种常见的有细微区别的颜色进行区分和认同，尽可能说出它们的名称。例如认清若干种主要颜色（黄、红、紫、蓝、绿、棕、灰和黑等），还要能区分介于这些颜色之间的若干种颜色，并用专门的名词（如柠檬黄）或在名词前加形容词深、浅（如深蓝、浅蓝）说出这些颜色的名称。

让自闭症儿童认清并用词汇表述自己见到的各种事物的形状，如三角形、圆形、曲线、椭圆形、锯齿形、波浪形、短的、长的、直的、弯曲的、螺旋形。

（二）自闭症儿童视觉训练的内容和方法

1. 形状辨别训练

家长或老师,在纸上和或黑板上用各种不同的颜色画各种几何图形,指导自闭症儿童反复辨认;用纸壳剪成各种几何图形让自闭症儿童辨认;在纸上画上一些形状后,家长或老师说出某种形状的名称,然后让自闭症儿童在纸上指出来;家长或老师说出任意一种形状的名称后,让自闭症儿童在纸上画出来;家长和老师先在纸上画上各种形状,然后用硬纸壳剪出相同的各种形状来,指导自闭症儿童拿剪出的形状和纸上画出的形状一一对应。

2. 颜色辨别训练

主要训练自闭症儿童对红、白、黑、黄、蓝、紫、绿等几种基本颜色的辨别,如指导自闭症儿童认识布料颜色,认识彩笔颜色,让自闭症儿童说出在日常生活中经常见到的物体的颜色名称等。

3. 物体形态辨别训练

指导自闭症儿童认识事物的大小、高矮、长短、曲直、厚薄、宽窄、肥瘦等形态。

4. 集中视力训练

单眼注视:指导自闭症儿童用单眼望向某一目标,把另一只眼遮住,两眼可交替进行,每次注视的时间不少于一分钟。

双眼注视:指导自闭症儿童双眼同时注视同一目标。

指导自闭症儿童注视不同的方向:指导自闭症儿童分别注视上、下、左、右、左上、左下、右上、右下等不同方位的物体。

指导自闭症儿童移动头部,但是视线集中在一个目标。

5. 视力转移训练

视力由近及远训练:指导自闭症儿童把视线由一个较近的目标移向一个较远的目标。

视力由远而近训练:指导自闭症儿童把视线由一个较远的目标移到

一个较近的目标上。

6. 视觉追踪训练

家长或老师指导自闭症儿童用眼睛追踪移动的物体，如看由近而远的汽车、乒乓球比赛、鸟类飞行。

7. 视觉搜索训练

家长或老师指导自闭症儿童从一大堆物体中，把要找的东西找寻出来，如从一大堆皮球当中找出红色的皮球。

（三）自闭症儿童视觉训练的注意事项

对自闭症儿童进行视觉训练应注意以下几点。

控制教学环境，减少无关刺激的干扰，合理布置教室内部环境。

选择恰当的教学工具，教具要颜色鲜明，善于引导自闭症儿童顺应教学内容使用教具，而不是任意而为。

认识颜色的训练要遵循从基本颜色到混合颜色的顺序，先认识几种常见颜色，再记忆不认识的颜色。训练自闭症儿童认识颜色的过程应该是：配对——指认——命名。

认识平面图形的顺序依次是：圆形、正方形、三角形、长方形、梯形，然后是图形的分割与拼合、图形的对称认识。立体图形的顺序依次是：球体、正方体、长方体与圆柱体。

在理解与掌握平面图形和立体图形基本特征的基础上，要引导自闭症儿童初步理解两者之间的关系。进行图形认识训练时，要注意调动自闭症儿童的多种感知觉，尤其是触觉的参与。

二、自闭症儿童的听觉训练

自闭症儿童的听觉系统是完善的，并不是听不见，而是对声音的处理过程出现了问题。例如，有些自闭症儿童会对某些声音听而不闻，但对有些细微的声音很敏感。某些特殊声音会引起自闭症儿童的异常反应，例如汽车发动机的轰鸣声、吸尘器和搅拌器发出的声音等会让自闭症儿童焦躁，动物的叫声会让他们害怕，甚至浴室里的流水声也会让他们感到不安，因此自闭症儿童会远离有这些声音的场所，如不坐汽车，不愿去动物园,不愿洗澡。他们对讲得太快、不停地讲或者大声地讲的人们感到不安或退缩,对周围有不正常说话音调的人们感到焦虑;很难同时与多人共同交谈,交流时答非所问。他们不能分辨声源,总是四处张望以找到声音是从哪发出来的;辨别声音有困难,特别不能区别相近的音,如'京'和'星'。在没有其他声音干扰的情况下,他们不能集中精神听一个声音;听到尖的、高的、金属的、突然的声音极其痛苦,即使是一些常人觉得正常的声音对于他们来说也是难以忍受的。为了保护自己,这些儿童好像经常地重复刻板的行为,很难专心去听或者读,对于听到的和读到的东西也很难理解或是记住;在做出反应之前总是向别人张望;说话总是跑题;在与人进行近距离交流时有困难,如不能对别人的问题和评论做出适当的反应;不能大声朗读,但有时候会大声喊叫,唱歌时跑调,没有节奏感;说话时口齿不清,剧烈运动之后说话能力有所提高;日常卫生护理,如掏耳朵、理发、剪指甲产生的一些声响会让自闭症儿童感到焦虑不安。

(一)自闭症儿童听觉训练的目标

自闭症儿童听觉训练的目标是让自闭症儿童学会察知声音、辨别声音、理解声音和语言的含义,主要是让他们能够听懂,从听的方面减轻交流困难带来的痛苦,从而提高自闭症儿童的社会交往能力。具体可以分为听觉察知能力、听觉分辨能力、听觉识别能力、听觉理解能力以及听－视－动协调能力和听－说统合能力六个方面。

1. 听觉察知能力

听觉察知能力即听觉专注力,是指人在精神集中的状态下,用听觉获取信息的能力,它是听觉分辨、识别、理解和编序等能力的基础。对自闭症儿童而言,听课、听写和回答问题是听觉信息的获取和运用过程,需要注意力的集中和维持,如果听觉注意力不集中,就会影响到学习信息的获取和运用。

针对自闭症儿童的听觉察知能力的训练目的是帮助自闭症儿童感知声音的存在,学会有意识地聆听声音。通过训练激发自闭症儿童对声音的兴趣,培养他们对各种频率和强度声音的有无做出反应的能力以及良好的聆听习惯，从而帮助他们将察知的内容逐步过渡到分辨、识别和理解。初始训练阶段可结合视觉诱导进行，先通过视觉诱导吸引自闭症儿童关注相关内容，逐步渗透听觉。

2. 听觉分辨能力

听觉分辨能力是指对不同声音之间差异辨别的能力以及辨别一组或一对词之间差异的能力。如向自闭症儿童呈现发音差异很小的一对词，要求儿童背对测试者（避免儿童从说话者的口型中找出视觉线索），判别这对词的同异，如"再—菜""光—刚""为—会""柴—材""出—粗""b—p""d—t"。

听觉分辨能力训练的目标是要求自闭症儿童在准确感知声音有无的基础上区分不同的声音。通过训练，巩固自闭症儿童利用听力关注声音有无的意识和能力、培养他们区分多维度差异声音的能力和区分时长、强度、频率等单维度差异声音的能力，从而促进他们将能分辨的声音逐步发展到识别和理解阶段。

3. 听觉识别能力

听觉识别能力要求儿童能分析声音的差异，并整合为整体的特征。训练目标主要在于提高自闭症儿童识别的准确性和熟练度，帮助他们最大限度地利用听力，提高对日常生活中常见语音的识别能力，增强识别细微差异语音的能力，从而将识别的内容逐步过渡到听觉理解。

4. 听觉理解能力

听觉理解能力是指儿童辨识声音以及了解说话的能力。有些自闭症儿童虽然智力水平、知识结构具备了听课能力，但对教师讲课内容听而不懂，原因之一就在于听觉理解能力差。听觉理解能力差的儿童往往听不懂词义、句义，听不懂老师的讲课内容，很难确定两个听觉概念之间的关系，如草是绿的、天是蓝的、火是红的。

听觉理解能力的训练帮助自闭症儿童提高将音和义结合的能力，使其真正懂得声音的意义，让他们最大限度利用听力，巩固听觉识别能力，提高对日常生活中的常见名词、动词和形容词及短语的理解能力，进而培养自闭症儿童整体把握短文内容，理解短文含义的能力。

（二）自闭症儿童听觉训练的内容和方法

1. 听觉察知训练

对声音的察知一般可以分为无意察知和有意察知。无意察知是指让自闭症儿童在无事先预备的情况下,对声音的有无进行感知的过程。有意察知则是让自闭症儿童能够有意识地根据老师的要求对不同频率、不同强度以及不同声色的声音作出反应。

听觉的无意察知能力训练包括音乐声、环境声和言语声。音乐声主要是各种乐器发出的声音;环境声包含动物声(猫、狗、鸡、鸭、猪、牛、羊、狮子、老虎等)、自然环境声(雨声、风声、海浪声、雷声、流水声等)、日常生活声(汽车、炒菜、电话等)。听觉的有意察知能力训练内容包括滤波音乐声、滤波环境声、不同频段的言语声。通过单一频率的音乐声(如低频的长号、大提琴,中频的长笛、小提琴,高频的短号、双簧管)、环境声(如低频的钟声、中频的蛙鸣声、高频的鸟鸣声)以及言语声(低频的 /n/、/m/、/l/,中低频的 /p/、/b/、/u/、/o/ 等,中频的 /k/、/h/、/f/、/t/ 等以及中高频和高频的声母和韵母),在频率察知的基础上,通过改变音量和距离,让自闭症儿童有意识地察知声音的存在。

由于自闭症儿童在语言交流上也存在一定的障碍,在训练阶段不要求他们作出反应,训练主要考虑利用视觉、动作等调动他们对声音的兴趣,如视听诱导法、随意敲打法、物体碰撞法、声源探索法、触觉感知法、动画诱导法。可以利用他们的动作能力来作出相应的反应,如听到声音让自闭症儿童举手、走路、套圈等。

2. 听觉分辨训练

听觉的分辨能力训练要先进行多维度(声音材料的响度、频率、时长等)差异的音频训练,再进行单一维度差异的音频训练。音频的维度越多、每个维度的差异越大,分辨越容易,反之则越难。在多维度差异的音频训练中,该阶段选择的材料无论在时长、强度还是频率方面差异都较大,自闭症儿童只要能抓住其中一个维度的差异即可区分两者的不同。而单一维度的音频分辨能力训练需要对时长、强度、频率、语速等方面仅有一个主要维度存在差异的语音进行分辨。

在多维度差异分辨训练里，可以分辨猫、狗、猪、牛、蜜蜂等动物声，吹口哨、唱歌、打喷嚏、打呼噜等人体声，钢琴、口琴、长笛等乐器声，卡车、警车、手机、电话等物体声，这些属于日常生活环境声；还可以分辨言语声，如叠字短句小猫喵喵喵、大雨哗哗哗、鞭炮啪啪啪以及童谣和儿童歌曲。

单一维度差异的分辨训练，通过控制时长、强度、语速、频率、声调来让自闭症儿童去分辨其中的差异。

表5-1 单一维度差异

控制维度	差异方式		举例
时长	单元音	长/短	ɑ（500ms）/ɑ（250ms）、o（500ms）/o（250ms）
		中/短	ɑ（300ms）/ɑ（250ms）、o（300ms）/o（250ms）
		长/中	ɑ（500ms）/ɑ（300ms）、o（500ms）/o（300ms）
	词汇	三音节/单音节	西红柿/西、马铃薯/马
		三音节/双音节	西红柿/西瓜、小汽车/气球
		双音节/单音节	斑马/马、飞机/鸡、葡萄/桃
强度	单元音	强/弱	e（80dB）/e（60dB）、i（80dB）/i（60dB）
		中/弱	e（70dB）/e（60dB）、i（70dB）/i（60dB）
		强/中	e（80dB）/e（70dB）、i（80dB）/i（70dB）
	词汇	强/弱	布（80dB）/布（60dB）、爸爸（80dB）/爸爸（60dB）
		中/弱	米（70dB）/米（60dB）、行李（70dB）/行李（60dB）
		强/中	蛇（80dB）/蛇（70dB）、篮球（80dB）/篮球（70dB）
语速	单元音	快/慢	ɑ（120拍/分）/ɑ（36拍/分）、u（120拍/分）/u（36拍/分）
		中/慢	ɑ（88拍/分）/ɑ（36拍/分）、u（88拍/分）/u（36拍/分）
		快/中	ɑ（120拍/分）/ɑ（88拍/分）、u（120拍/分）/u（88拍/分）
	词汇	快/慢	跑（120拍/分）/跑（36拍/分）、跳（120拍/分）/跳（36拍/分）
		中/慢	拍（88拍/分）/拍（36拍/分）、踢（88拍/分）/踢（36拍/分）
		快/中	弹（120拍/分）/弹（88拍/分）、蹦（120拍/分）/蹦（88拍/分）

频率	语调	平调/升调	频率分辨	语调	平调/升调	

			目标	内容		内容举例
		平调/降调	频率分辨	语调	平调/降调	
					平调/升降调	
				声调	一声/四声 一声/三声	ā/à、ī/ì、ū/ù ā/ǎ、ī/ǐ、ū/ǔ
					二声/四声 一声/二声	á/à、í/ì、ú/ù ā/á、ī/í、ū/ú
					二声/三声 三声/四声	á/ǎ、í/ǐ、ú/ǔ ǎ/à、ǐ/ì、ǔ/ù

			目标	内容		内容举例
		平调/升降调	频率分辨	语调	平调/降调	
					平调/升降调	
				声调	一声/四声 一声/三声	ā/à、ī/ì、ū/ù ā/ǎ、ī/ǐ、ū/ǔ
					二声/四声 一声/二声	á/à、í/ì、ú/ù ā/á、ī/í、ū/ú
					二声/三声 三声/四声	á/ǎ、í/ǐ、ú/ǔ ǎ/à、ǐ/ì、ǔ/ù

频率	声调	一声/四声 一声/三声	ā/à、ī/ì、ū/ù ā/ǎ、ī/ǐ、ū/ǔ
		二声/四声 一声/二声	á/à、í/ì、ú/ù ā/á、ī/í、ū/ú
		二声/三声 三声/四声	á/ǎ、í/ǐ、ú/ǔ ǎ/à、ǐ/ì、ǔ/ù

在听觉分辨能力训练中，多维度差异分辨训练主要是通过生动的形式巩固听觉察知能力，并初步认识声音的轮廓（包括特征），可以用分辨图文法、分辨游戏法、声控动画法、模仿发音法。单一维度差异分辨训练主要引导自闭症儿童认识声音的时长、强度、频率等属性，主要训练方法有乐器演奏法、特征提示法、动作匹配法。

3. 听觉识别训练

听觉识别训练主要是让自闭症儿童能够正确识别声音，在训练过程中尽量选择与他们日常生活接近的声音，可以利用图片、文字作为言语辅助工具帮助他们表达。

训练的内容可以选择辨别家庭成员的声音，如辨别爸爸、妈妈、爷爷和奶奶的声音，也可以把家庭成员的说话声音录下来，让他们通过听录音来辨别是谁的说话声。

动物的叫声也是很好的声音材料，如狗、猪、鸡、鸭、鹅、猫、马、牛、驴、羊的声音，也可以把各种动物的声音录下来，放给自闭症儿童听，然后进行识别。可以通过选择相应动物的图片和文字共同呈现的方式来进行训练。教师可以借助多媒体技术为自闭症儿童呈现图、音、文、视频共同出现的学习形式。

识别家庭中敲击锅、碗、瓢、盆等发出的声音，先让自闭症儿童认识家庭中这些器具，然后再练习识别。

辨别交通工具的声音，如辨别汽车、轮船、火车、飞机的声音，整个过程可以通过录像、录音反复放给自闭症儿童听，然后让他们进行识别。

识别自然现象中的声音，如下雨声、打雷声、刮风声、流水声。

识别各种打击乐器的声音，如鼓、锣、音叉、三角铁的声音。

4. 听觉理解训练

自闭症儿童在社会交往方面存在很大的困难，其中有一个明显的特征就是很难理解别人的话，并且自己的言语表达也是词不达意。

训练的内容分为词语理解和短文理解。词语理解包含单条件词语理解、双条件词语理解和三条件词语理解。单条件词语理解包括名词、动词、形容词。双条件词语理解：介宾短语，如书本在课桌上；主谓短语，如老师在上课；并列短语，如书本和课桌；偏正短语，如红色的帽子；动宾短语，如读课文。三条件词语理解：介宾短语，如白色的天鹅在湖面上；主谓短语，如贝贝在书本上写字；并列短语，如书本、课桌和椅子；偏正短语，如一张黄色的课桌；动宾短语，如打开红色的文具盒。

短文理解包括情景对话、故事问答和故事复述。

（三）自闭症儿童听觉训练的注意事项

听觉训练要注重声音材料的选择，要经常更换一些材料或改变声音的大小,新颖的声音材料可以让自闭症儿童对声音产生兴趣。节奏感强的音乐能产生合适的心理预期,帮助他们逐步形成对声音的稳定反应。

训练内容的编排主要从声音特性的角度进行考虑,例如声音的强度、频率、发声时间的长短、声音的混合程度。同时也要注意自闭症儿童对声音的特殊能力,避免不恰当的声频或响度对自闭症儿童产生刺激。

在识别训练时,要注意自闭症儿童已有的认识能力。通过声音与图片结合、图片与实物结合、声音与实物结合的形式,让他们在训练前先对发声物体建构一定的认知。

三、自闭症儿童的触觉训练

触觉是指分布于全身皮肤上的神经细胞接受来自外界的温度、湿度、疼痛、压力、振动等方面的感觉,是由压力和牵引力作用于体表触觉感受器而引起。它是皮肤觉中的一种,是人类的第五感觉,也是最复杂的感觉,是轻微的机械刺激使皮肤浅层感受器兴奋而引起的感觉。触觉中包含有至少十一种截然不同的感觉,触觉感受器在头面、嘴唇、舌和手指等部位的分布都极为丰富,尤其是手指尖。

自闭症儿童的触觉异常通常分为两种,一种是触觉敏感,另一种则是触觉迟钝。这种异常并不是每个自闭症儿童都会有的,通常可以通过自闭症儿童的以下表现来判断他们是否在触觉方面存在异常,从而更好地了解为什么他们在穿衣服时会大哭、不愿与人接触、拒绝洗手等行为。在了解掌握每个自闭症儿童所特有的原因后,要在日常生活中注意,从训练活动中进行改善,为他们在与人交往过程中减少障碍。

自闭症儿童触觉异常的主要表现如下。

对别人触摸或无害接触强烈抵触。例如,不喜欢别人的牵手、拥抱,即使是自己的亲人。在被触摸时,他们会表现出推开、挣扎、尖叫、哭,有的会变得紧张或者出现刻板行为。

讨厌穿戴某些类型的衣物;不喜欢洗澡、游泳、刷牙和理发等。长期穿某种材质的衣服后,突然换了一种材质的衣物(如紧身的、毛衣)会让自闭症儿童感到十分不适应。

有些又表现出对柔软光滑物体的喜爱，喜欢被裹在被子或毯子里，似乎只有这样才会使他们安宁。

有些则喜欢搂抱和过多抚摸他人，黏人。

有些自闭症儿童发音不准确，安全意识差，对打骂不在乎，过分喜欢碰触各种东西，有强迫性行为。

有些自闭症儿童存在自伤行为，如用头撞墙或桌子、掐自己或者别人的手背，这可能是因为他们缺乏痛觉，也可能是他们在寻求触觉刺激。

自闭症男童中有一些喜欢摆弄生殖器官，甚至有一些会去摸同桌男生的屁股。这种行为是缺乏触觉经历的常见表现。

个别自闭症儿童的走姿和步态会有异常，他们可能会用脚尖走路、走路时故意甩脚或用力踏下、脚掌内翻或者外翻。有些自闭症儿童会拒绝光脚走路或在毛毯、草地上行走。这可能是他们脚步触觉敏感引起的。

自闭症儿童的饮食方面出现偏食、挑食、支持某一种特定的食物，这可能与他们口腔部分的触觉异常有关。他们在拒绝进食时，会通过拒绝使用某种餐具（如铁质餐具或者塑料餐具）、拒绝尝试新的食物、吃饭前会用手去抓食物等行为来表现出自己的想法。

有些自闭症儿童不会做一些手指精细动作，如拉拉链、系扣子、拿勺子，这与他们手指尖的皮肤触觉异常有关。

（一）自闭症儿童触觉训练的目标

触觉发育的过程是辨别客观事物的过程，是自闭症儿童在日后学习过程中建构新知识体系的重要通道。在安排训练触觉的活动时，应该达到以下目标。

辨别皮肤的各种感觉（疼痛感、压力感、刺扎感、热感、冷感、摩擦感和触摸感）的不同；通过双手的触摸辨明水、沙子、泥土、碎石、泡沫、锯末、鹰嘴豆、豌豆等；通过触摸辨认他们所在地区盛产的各种水果；用容器盛满（或只盛一半）水（或沙、锯末），让孩子用手触摸辨认；通过触摸辨明某一物体是软还是硬，是光滑还是粗糙，是热还是冷等；通过触摸分清是曲线还是直线；通过触摸分清某物体属于哪一种材料：木材、塑料、玻璃、布、硬纸板、皮革和石块等；通过触摸辨明是什么物体；通过触摸辨认日常生活中或家庭及学校里常见的物体：球、叉、勺子、盘子、书、铅笔刀等；辨明不同物体触感的不同；通过触摸辨认不同几何图形的木板：三角形、圆形、四边形、直角等；通过触觉进行问候，如握手、接吻、拥抱、拍肩。经过训练，让孩子能熟练地运用，而且能用得恰如其分（根据被问候者友好、亲热的程度等等）。

（二）自闭症儿童触觉训练的内容和方法

对自闭症儿童进行触觉训练，首先要让他们识别不同的触觉感觉，然后运用触觉识别物体外形，在他们具备了一定的认知水平后再让他们通过触觉识别不同的物体以及身体不同的感觉。

（1）身体被触摸时有感觉。

通过触摸自闭症儿童的身体各个部位，如头、手、耳，让他们感知到被触摸。

（2）识别物体碰触身体的感觉。

用不同的训练材料，来形成对应的物体属性，如冷、暖、热，软、硬、尖、钝，让其感知物体碰触带来的触觉感受。

（3）识别主动触摸物体的感觉。

选用碰触材料，让自闭症儿童主动去感受各种物体的表面状况、物体的坚固程度及其属性、温度、形状、大小和湿度等。

（4）用触觉来认识物品的外形。

让自闭症儿童触摸物品，认识物品的形状，如长方形、正方形、球形。

（5）用手辨识常见物品。

在不透明的袋中装上相应的物品，让自闭症儿童通过触摸去辨识物体，如书本、乒乓球、文具盒。

（6）识别气候引起的感觉。

随着天气的变化和衣服的增减，来分辨身体对冷、热、凉、暖的感觉。

（三）自闭症儿童触觉训练的注意事项

触觉训练要注意自闭症儿童的触觉异常类型和接受程度，避免在训练过程中因训练力度过大或过小达不到训练要求。

对自闭症儿童触觉敏感部位要注意，适度调整训练的力度和方法，保证儿童能够接受训练。

不要长时间地触摸他们身体的任何一部分。如果必须触摸他们，轻柔地、充满关心地敲击、拍打他们的胳膊。

触觉训练时不必坚持要求自闭症儿童长时间坐在某一地方，可灵活选择能够促进他们接受训练的训练场所。

对于某种特殊触觉异常引起的行为，如玩弄生殖器，应该采用正确的行为矫正方法，逐渐消退。

在给他们安排活动时，要有意识地把触觉的经历考虑进去。例如，进行抛接球可以选择使用硬的球。

如果他们"迷恋"于某一情况或运动，轻轻地身体接触或指击，转移他们的注意力，开始新的活动。

四、自闭症儿童的本体觉训练

本体觉是人体的深度感觉，包括位置感觉和运动感觉，是提供关于肌肉、关节、韧带、肌腱和结缔组织信息的感觉系统，是人对于自己的位置、力量、方向和身体各部位动作的感觉，如能感觉到头部是弯曲的还是直立的、胳膊是外伸的还是内展的。当本体感觉系统很好地工作时，人们可以通过空间知道身体的位置和运动，能够意识到完成活动需要多少力量以及能够自动调整身体的位置。因而，本体觉可以帮助人随时与地心引力保持协调的关系，例如做任何活动时不用特别注意身体、四肢的位置，也能很顺畅地完成相互关联的活动。

自闭症儿童本体觉失调可能存在的表现：动作不协调，走路容易摔倒，不能像其他孩子那样会翻滚、骑车、跳绳和拍球等；精细动作不良，不会系鞋带、扣纽扣、用筷子、手工能力较差；方向感差，容易迷路，容易走失，闭上眼睛容易摔跤；坐姿和站姿异常，喜欢趴在桌子上；喜欢踮脚走路、蹲着、伸屈四肢、戳自己的腮部、拉拽手指或是弄出指响；在做不熟悉或是复杂动作的时候有困难，如第一次穿溜冰鞋；即使是做最简单而且最熟悉的事情，也有困难，如穿衣服；喜欢不停地摆弄发卡、电源开关等物品；喜欢抻拉衣服、咀嚼衣袖或衣领；上、下楼梯有困难。

　　不难发现，以上的特征在正常儿童乃至成人身上不会有所体现，但是对于自闭症儿童来说，他们很难通过其他方式来弥补。本体觉失调同时伴随着前庭失调，所以对自闭症儿童进行观察、训练时常采用本体－前庭统合的方式来进行。

（一）自闭症儿童的本体觉训练的目标

　　本体觉训练对儿童的运动企划、提高动作的精细程度即不同的粗大运动的协调性有着直接的作用，它与前庭觉、视觉、听觉等感觉系统共同调控躯体平衡。对自闭症儿童的本体觉训练应达到下列目标。

　　认清身体的每一部分，并知道身体的各种姿势（坐、站立、跪、躺卧、前倾、后仰、左右倾斜等）和手臂、腿、脚、手、手指及脑袋的各种姿势；弄清日常活动的空间分配情况；辨明自己周围空间的主要方位，如上下、前后、左右、远近、内外、这边、那边；很快地说出什么东西在上面，什么东西在下面，什么东西在左边、右边、前边、后边、里面、外面；很快地说出家中和教室里各种物品的位置；画出他们熟悉的场所（如卧室、餐厅、客厅、教室和院子）的平面图，并同时标出各种家具在平面图上的位置；确定几条路线，让儿童作比较，说明哪条路远，哪条路近；学会走从自家到学校、到附近的电影院和其他常去的一些地方的路，同时让他们作比较，说出哪一条路最直最近，哪一条最远，哪一条最有趣，哪一条比较安全等；让儿童只看一眼，就能估计出物体的距离，并能回答下面的问题：位于同样距离的还有什么物体？这两件物体哪一件最远？让儿童蒙住双眼，随着老师发出的指令，在家里或在幼儿园的教室里走几个来回；借助一张平面图，让儿童在图中标出的地方走一趟；让儿童估算一下徒步走一段路所需的时间，然后再叫他们估算骑自行车、坐公共汽车、坐小汽车和穿溜冰鞋走同样距离的路需要多少时间；让孩子说出用慢步、正常步速、快步和奔跑四种方式走完同样一段距离的路所需时间的不同和疲劳程度的差异；对轻、重、很轻、很重的四种物体作出区别；掂一下重量相差不大的几种物体，然后依重量大小的顺序排列起来；在未经试验的情况下，说出一种物体能不能被挪动位置，能不能搬运走；对几种形状和大小相同的物体的重量进行比较后，按由轻到重或由重到轻的顺序排列；估计两种容器装满水时和不装水时重量的差别；将几种形状相同的物体按容积的大小排列起来；在未经试验的情况下，通过估算就知道两只容器的大小，并能将其中的一只放在另一只的里面；从各种不同的角度和不同姿势（站立时、坐着时、跪着时、从远处和近处）估算几种物体的大小；尽力使视觉、动作、方向和触觉协调一致，以便使某些特殊才能得到合理的发展；让儿童了解自己的能力，并让他们充分发挥自己的能力；扩大对自己身体的认识，并全面认识它的功能；从自己的身体感受到生命力的存在。

实现上述目标，能使孩子做到以下几点：扩大活动范围，无需大人的帮助就能从一个地方到达另一个地方；由孩子自己估算两地的距离，并单独走完这段距离；改变物体在空间的位置；增加孩子直接到某地去见人和取物的经验；增强对周围环境的认识能力。

一般地说，拥有滑梯、秋千、跷跷板和双杆等运动和娱乐器材的地方是进行一般本体觉训练的最合适的场所，因为本体觉训练要求训练平衡能力，要让儿童爬滑梯、荡秋千、滑行、走平衡木、跳跃、在地上爬行。然而，并不是每个孩子都能进行这些活动。一些儿童在运动和娱乐器具上进行各种要杂技一样的活动觉得很过瘾，而一些儿童一登高就会头晕目眩，生怕从上面跌下来，他们只能在平地上活动。鼓励儿童（尤其是胆小的儿童）多从事类似的活动，不但可以训练其本体觉的发展，而且对于养成勇敢、刚毅的性格，促进心理健康发育均有十分重要的作用。

（二）自闭症儿童的本体觉训练的内容和方法

针对自闭症儿童本体觉的训练内容要注重自闭症儿童的差异性，视其感觉统合能力发展水平及其他伴随障碍的严重程度而定。在日常生活中以及学校的体育运动过程中就可以获得充分的本体觉刺激，这能够满足程度较轻的儿童的训练需要。但是对于存在本体觉功能发展迟缓的儿童或想要提高本体感觉功能的儿童而言，就需要进行有目的、有明确目标的运动，需要儿童按照特定的目标要求完成有控制的动作。

本体感觉训练可选用的器材有滚筒、跳床、平衡木、滑板、S型平衡木、平衡板、脚踏车、羊角球、阳光隧道、袋鼠跳等。

五、自闭症儿童的前庭觉训练

前庭系统是感觉系统之一,负责掌管人的平衡感,主要的功能为侦测地心引力。儿童的前庭系统早在胎儿期时就已经开始发展运作,所以,越早给予适当地刺激,对于儿童的平衡感、反应灵敏度和动作敏捷、情绪稳定都有所助益。

前庭觉的运作帮助人们保持身体姿势的平衡和有效率的运动。当个体进行加速或减速活动时,前庭会调整头部的相对位置,以维持身体的平衡;在撞到东西或跌倒时,能马上反应,以保护身体。前庭觉掌管人体的平衡和空间方位的感应,如果发展不佳,可能会使人在不同的空间中迷失方向。光靠视觉,人是无法精准地判断空间方向的,必须结合前庭三半规管所提供的重力讯息,才能对所看到的景象赋予正确的诠释。前庭觉的有效运作,有助于维持人体各种姿势的平衡和协调,大幅提升生活作息的品质;前庭搭配其他的感觉系统,人才可以精准地判断空间,并保持个体运动时的平衡。儿童经常跑跑跳跳,而在追赶玩耍的同时,如果没有良好的前庭觉做基础,可能经常跌倒,很难快速地站起来。前庭觉和其他感觉系统的发展有密切的关系,如眼球的追视能力、专注力、阅读力、音感能力、触觉等。而前庭同时引导肌肉张力的正常发展,牵动着肌肉关节的活动,进而影响到姿势机能的统合。前庭系统与儿童的语言发展关系密切。语言的发展牵涉到视觉、听觉、触觉以及嘴、舌、喉部、声带、腹部等部位的肌肉动作,这些都与前庭的平衡反射相关联。所以当前庭系统发展不良时,儿童的语言发展会受到影响,而产生迟缓或障碍。前庭觉如果发展不佳,儿童的平衡感就会出现问题,不能精准地计算距离与测量高度、没有危险意识、大脑神经抑制功能失常、身体手眼无法协调等发展问题;但如果过于敏感,儿童也可能会出现惧高胆小、容易晕车船、恶心呕吐等现象。一般而言,前庭觉发展不良、平衡反射失常时,孩子会好动不安,喜欢捉弄人、经常跌倒;视知觉空间感应失常、容易碰撞桌椅、方向感不分,眼球追视能力弱,专注力差,不喜欢阅读写字;听知觉音感能力不理想、对声音反应过大、语言发展迟缓;本体运动觉不佳、身体双侧协调困难、动作计划不当；甚至有脑神经抑制功能失常，引发情绪障碍等。

（一）训练目标

前庭觉是人体重要的感觉系统之一。前庭的功能在于维持人的正常姿势，保证个体大运动和精细运动的发展，维持个体的清醒和警觉状态，确保大脑皮层维持适当的兴奋性，协调个体的视觉、听觉和触觉进行有效的感觉，影响个体的情绪行为及社会交往。前庭功能训练的目标在于有效地调控个体的躯体平衡感和空间方位感，整合各种信息，感觉信息协调，感知运动调节注意力，促进脑功能的整体发展。

（二）训练器材

滑板、滑梯、平衡踩踏车、平衡台、晃动独木桥、圆形滑车、大陀螺、网状吊缆、竖抱筒吊缆、横抱筒吊缆、游泳圈吊缆、时光隧道、摇滚跷跷板、独脚凳、袋鼠跳等。

（三）训练方法

前庭觉训练的基本方法是让儿童的躯体处于"失衡状态"，从而让前庭器官获一定的感受刺激。具体训练方法如下。

（1）让儿童俯卧在滑板上，挺胸抬头，并拢双腿，从大滑梯上向下俯滑到地板上，并从地面再滑回起始处，反复来回滑行；

（2）坐在吊网内左右前后旋转摆动；

（3）走平衡台或走直线，拍球、运球行走；

（4）坐在羊角球上或站在蹦蹦床上跳跃；

（5）跳绳、荡秋千、在草地上翻滚、攀爬绳架等；

（6）坐在独脚椅上保持身体平衡；

（7）站在平衡台上接球或拍球；

（8）让儿童坐在盆底为半球形的塑料盆中轻轻摇晃，摇晃强度及时间根据儿童的反应进调整。

下面的章节对有关的训练活动设计进行了详细的介绍。

第六章 自闭症儿童触觉训练的活动设计

一、龙球碾压

1. 活动目标

通过运用大龙球对自闭症儿童身体各部位进行挤压、滚动等刺激，强化各部位触觉和大脑的协调能力。

通过球的压力与身体部位的不断变化，强化自闭症儿童大脑处理来自身体不同部位的刺激，激活他们的大脑神经网状系统，促进其感觉系统的统合。

2. 活动场地

感觉统合训练室。

3. 器具准备

表面光滑和表面带有突起的大龙球、垫子。

4. 活动过程设计：

教师协助自闭症儿童俯卧在垫子上，自闭症儿童两臂伸直自然放于头两边，两腿并拢伸直或呈 V 字形。教师将表面光滑的大龙球放在自闭症儿童身上，做前后、左右、螺旋式动态滚动各 20 次；做上下、前后、左右、螺旋式静态

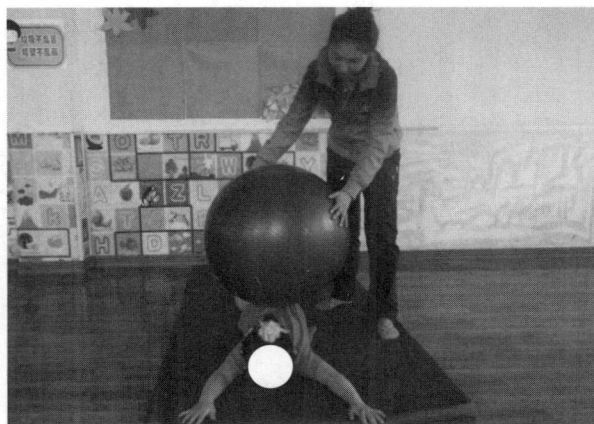

挤压各 20 次。

　　教师协助自闭症儿童俯卧在垫子上，自闭症儿童两臂伸直自然放于头两边，两腿并拢伸直或呈 V 字形。教师将表面光滑的大龙球放在自闭症儿童特定位置上，有节奏地击打大龙球球面 20 次，让儿童感受定点节律的刺激。

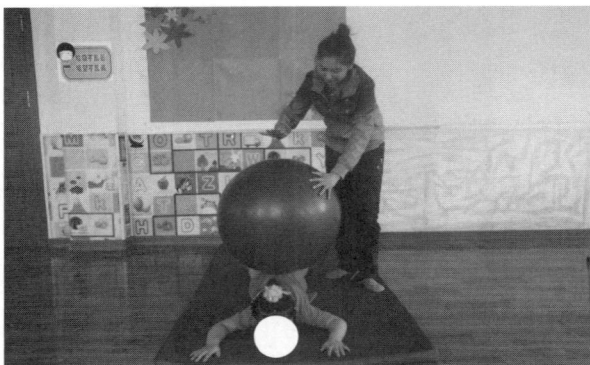

　　教师协助自闭症儿童仰卧在垫子上，两臂伸直向下贴身放置，两腿并拢伸直或呈 V 字形。教师将表面光滑的大龙球放在自闭症儿童身上，做前后、左右、螺旋式动态滚动各 20 次；做上下、前后、左右、螺旋式静态挤压各 20 次。

　　教师协助自闭症儿童仰卧在垫子上，儿童两臂伸直自然放于头两边，两腿并拢伸直或呈 V 字形。教师将表面光滑的大龙球放在自闭症儿童特定位置上,有节奏地击打大龙球球面 20 次,让儿童感受定点节律的刺激。

5. 活动变式

(1)用表面带有突起的大龙球做以上训练。

(2)用中小球在躯体面积较小的部位做刺激训练。

(3)自闭症儿童仰卧或者俯卧在垫子上,教师抱球击打自闭症儿童的下肢、臀部、腰背部。

(4)自闭症儿童坐在垫子上,教师在距离自闭症儿童 1 米以外的地方滚球击打儿童背部。

(5)让自闭症儿童跪位前臂撑,教师用大龙球在儿童头后部至臀部来回滚动。

(6)让自闭症儿童仰卧在大龙球上,教师双手握自闭症儿童双脚腕来回滚动;让自闭症儿童俯卧在大龙球上,教师双手握自闭症儿童双脚腕来回滚动。

6. 活动设计建议

(1)此活动每次进行 20~30 分钟,每周训练 3~4 次。

(2)训练时要根据自闭症儿童的实时反馈进行挤压、击打等动作的力度、方向以及训练时间、方式的调整。

(3)训练时注意观察询问学生的感受,注意动作轻柔,并注意保持球面清洁。

（4）训练时教师要注意提醒自闭症儿童闭眼或者睁眼感受；提醒自闭症儿童感受刺激的方向、轻重、次数等。

（5）训练时教师要适时进行身体部位以及方位的认知教育和相应的语言训练。

（6）训练时可以根据实际情况，通过调整儿童衣着的厚薄来变化刺激。

（7）对触觉敏感的儿童要注意力量的强度由弱到强；对触觉迟钝的儿童要注意力量由强到弱的变化。

（8）教师要组织自闭症儿童排除周围危险物，安排好训练场地，排查随身携带的物品，观察询问儿童身心状态。

二、阳光隧道

1. 活动目标

通过让自闭症儿童在隧道内爬行、滚动，改善他们触觉敏感或不足及身体调节不良的现象，增强他们前庭系统的刺激和调节。

通过爬出时声音和光线的变化增加自闭症儿童对视觉、听觉的刺激。

2. 活动场地

感觉统合训练室。

3. 器具准备

阳光隧道、大而厚的毛巾、小球、排球。

4. 活动过程设计

教师协助自闭症儿童跪爬进隧道，然后蹲于另一出口引导自闭症儿童爬出来。

教师协助自闭症儿童倒着跪爬进隧道,然后从另一出口爬出来。

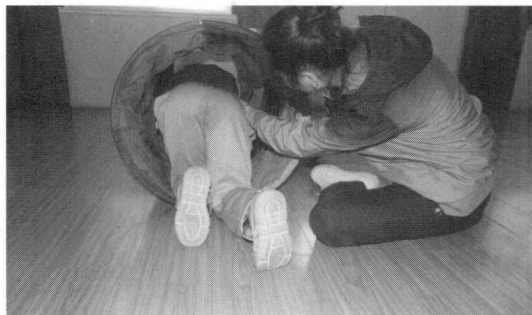

在隧道内铺上毛巾,引导自闭症儿童正着或者倒着爬进隧道,然后从另一出口爬出。

在隧道内摆上塑料小球,引导自闭症儿童正着或者倒着爬进隧道,然后从另一出口爬出。

把一个小球放进隧道内，让自闭症儿童正着或者倒着爬进隧道，拿着小球从另一出口爬出。

把一个小球放进隧道内，在自闭症儿童进入爬行过程中，轻轻晃动隧道，教师保持与自闭症儿童语言交流，引导自闭症儿童拿着小球爬出来。

5. 活动变式

（1）两名自闭症儿童相向跪爬穿过隧道。

（2）把排球放在隧道口，自闭症儿童在隧道内边爬边推排球，带球从另一出口爬出。

6. 活动设计建议

（1）此游戏每次进行 20~30 分钟，每周进行 3~5 次。

（2）训练时，教师可在自闭症儿童旁边辅助，可在另一出口用语言交流的形式来消除自闭症儿童紧张的情绪。

（3）两名自闭症儿童相向跪爬进入时，教师要提醒在连接处互助通过，注意安全。

（4）训练时教师可以在外边通过快慢不同的拍手声音引导自闭症儿童用快慢不同的速度爬行；爬出时要引导自闭症儿童感受光线明暗和声音大小的变化。

（5）教师要适时进行明、暗、快、慢等方面的认知教育和相应的语言训练。

三、五彩的海洋

1. 活动目标

通过在球池内行走、翻滚等活动，让自闭症儿童全身部位接受触觉刺激以及身体重心变化的平衡觉刺激，强化触觉功能、前庭功能和身体协调性。

2. 活动场地

感觉统合训练室。

3. 器具准备

三分之二球池体积的海洋球、少量小型号按摩球。

4. 活动过程设计

教师协助自闭症儿童站在球池边缘，鼓励他们听口令跳跃入池内，反复 5 次。

让自闭症儿童带上眼罩，听教师口令跳入球池 5 次。

让自闭症儿童蹲在球池边缘上方，背对球池，由教师助推儿童翻滚入池内，反复练习 5 次。

教师和自闭症儿童一起把身体没入"球海"，把周围的海洋球堆在身边；把头露在外面 10 秒钟，把头埋进"球海"内 5 秒钟。

　　教师和自闭症儿童一起进入球池内，教师拉住自闭症儿童的手，扶着球池边缘用脚拨开"球海"，脚蹭着地面行走；然后让自闭症儿童独自练习；练习跨步行走或原地转圈等。

　　让自闭症儿童仰卧在球池内，教师两脚分别放在自闭症儿童两侧，拉住自闭症儿童双手坐起，反复练习 5 次。两名自闭症儿童同时活动时要注意防止踩踏危险。

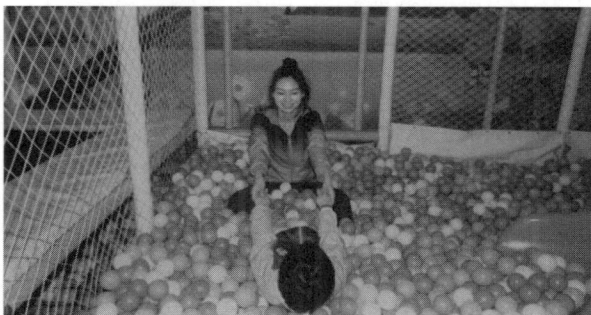

5. 活动变式

　　（1）互动仰卧起坐：两自闭症儿童坐于池内，拉手做仰卧起坐。

　　（2）快慢球雨：教师让自闭症儿童坐或者仰卧在球池内，将一盆小球从上面倒在自闭症儿童身上，倒球时注意按照快、慢、多、少的不同变化进行。（仰卧时要注意让自闭症儿童闭上眼睛或者用手护住眼睛）

　　（3）抛抛球：教师把球抛向自闭症儿童身体不同部位，注意力度、方向、球数量的变化。

（4）转圈圈：教师和自闭症儿童面对面站立，手牵手，在池内转圈圈。

（5）背对背搓搓球：两名自闭症儿童背对背，两背间夹住一个按摩球，两人互相挤压按摩球。

6. 活动设计建议

（1）此游戏每次进行 20~30 分钟，每周进行 3~5 次。

（2）训练时要注意防止自闭症儿童头部碰撞池壁；装饰品、硬质玩具、食品不得带入池内；两名自闭症儿童同时活动时要注意防止踩踏危险。

（3）注意引导自闭症儿童感受球的细微触觉刺激、刺激的节律变化、快慢、有无的变化。

（4）教师要适时进行快、慢、有、无等认知教育和相应的语言训练。

四、大海捞针

1. 活动目标

通过对各种物体的触摸，培养自闭症儿童触觉辨别能力。

提供自闭症儿童触觉刺激，强化他们触觉接受及触觉功能分化。

2. 活动场地

感觉统合训练室。

3. 器具准备

球池、积木、玩偶。

4. 活动过程设计

教师将玩偶或积木藏在球池较浅的地方，自闭症儿童站在球池外，让自闭症儿童伸手入球池中将玩偶或积木找出。

教师将玩偶或积木藏在球池较浅的地方，自闭症儿童站在球池内，让自闭症儿童伸手入球池中将玩偶或积木找出。

教师将玩偶或积木藏在球池较深的地方，自闭症儿童站在球池内，让自闭症儿童潜入球池中将玩偶或积木找出。

教师把各式各样的积木和玩偶藏入球池中，让自闭症儿童在球池中

搜寻；再把自闭症儿童眼睛蒙住，让自闭症儿童在球池内搜寻积木或玩偶，并说出是何种物品。

5. 活动设计建议

自闭症儿童进出球池时，教师可以给予协助，避免自闭症儿童跌倒。

五、特搜战队

1. 活动目标

提供自闭症儿童触觉、前庭觉、本体觉刺激，降低他们触觉防御情况，增加他们动作计划能力，增加他们颜色及形状区辨的能力。

2. 活动场地

感觉统合训练室。

3. 器具准备

篮子、不同材料的球、不同形状的积木、毛巾等。

4. 活动过程设计

把球散落在治疗室的地板上，篮子放在治疗室的中央，让自闭症儿童用匍匐前进的方式去捡拾教师指定的球，然后把球放入中央的篮子内。

将球散落在治疗室四周，让自闭症儿童用跪爬的方式移动，将散落的球捡到中央的篮子中。在家中可以在铺有软垫且空间较大的房间内进行。

　　将球或积木散落在治疗室四周,让自闭症儿童用匍匐前进的方式移动,将散落的球或积木捡到中央的篮子中,或是指定要每种颜色各捡几颗。例如,先让自闭症儿童捡蓝色球或红色球 2 颗、蓝色球 3 颗、黄色球 1 颗;也可以指定捡哪一种形状的积木。在家中可以在空间较大的房间内进行,地上可以铺不同材质的棉被、巧拼或毛巾以向自闭症儿童提供不同的触觉刺激。

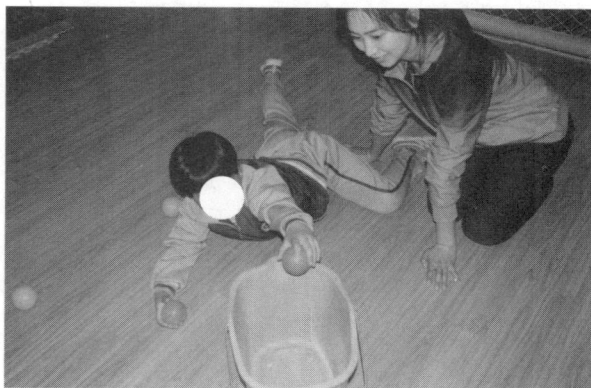

5. 活动设计建议

　　(1)家长可以和自闭症儿童比赛看谁捡的球或积木多,提高自闭症儿童的兴趣。

（2）自闭症儿童在移动时要注意安全，四周尽量不要有桌子或尖锐的物品，必要时铺上软垫，避免自闭症儿童碰撞受伤。

六、擦乳液

1．活动目标
为自闭症儿童提供触觉刺激，降低他们的触觉防御情况。

增加自闭症儿童的社会性互动及对身体的意识。

2．活动场地
感觉统合训练室、家中。

3．器具准备
乳液、海绵。

4．活动过程设计
自闭症儿童仰躺，教师用手指蘸乳液，在自闭症儿童的胸部、臀部、手心、腿部、脚面、脚心擦拭，提示自闭症儿童擦拭到身体的哪一个部位。

将乳液倒在自闭症儿童手上，让自闭症儿童用乳液擦拭身体。在擦拭的过程中，可以和自闭症儿童对话，增加社会性互动及儿童对自己身体的认识，例如让自闭症儿童说出现在擦拭的是身体的哪个部位。

　　将乳液倒在海绵上。让自闭症儿童用乳液擦拭身体或是由家长帮自闭症儿童擦拭。

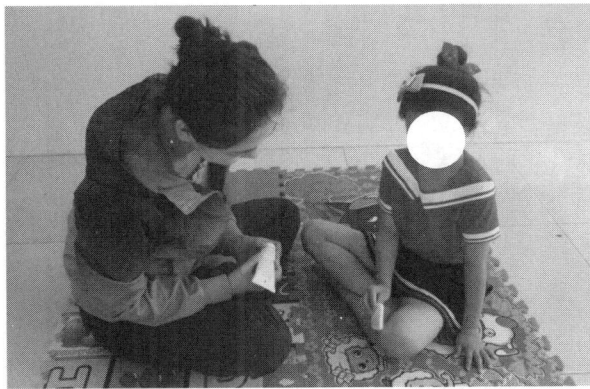

5. 活动设计建议

教师在擦乳液时,可注意擦拭力度的控制,要遵循由轻到重的原则。教师及时观察自闭症儿童的反应,并询问他们的感受。

七、指印书

1. 活动目标

给予自闭症儿童感觉刺激输入,降低他们的触觉防御情况,增加其手指辨认能力。

2. 器具准备

广告颜料、纸、笔、可混入颜料的素材（如沙子、糨糊）。

3. 活动场地

感觉统合训练室、教室、家中。

4. 活动过程设计

调好不同黏稠度的颜料，准备纸张。

教师先演示指印画的制作。

先让自闭症儿童蘸低黏稠度的颜料，然后再蘸高黏稠度的颜料。

5．活动设计建议

（1）调制颜料时，要考虑颜色的多样性。

（2）活动中，教师要注意防止孩子误食颜料。

八、卷蛋

1．活动目标

通过挤压、翻滚，提供触觉刺激，提高自闭症儿童皮肤感觉的敏锐性，抑制神经兴奋程度，有助于自闭症儿童触觉和本体感的发展。

突破自闭症儿童触觉防御过强障碍、强化关节讯息和触觉接受能力。

2．活动场地

感觉统合训练室。

3．器具准备

垫子、大毛巾被、床单。

4．活动过程设计

教师让自闭症儿童躺在垫子上，用床单将自闭症儿童裹起来，头部露在外面，轻轻地挤压自闭症儿童的双臂、背部、臀部、腿部，并推动其不断翻滚。

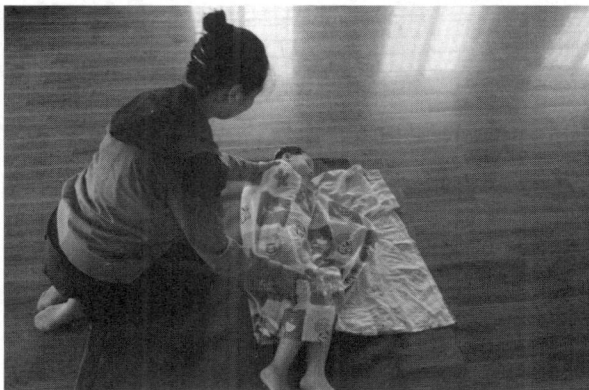

教师让自闭症儿童躺在垫子上，用大毛巾被将自闭症儿童裹起来，轻轻地挤压自闭症儿童身体各部位，并推动其不断翻滚。

让自闭症儿童仰卧在垫子上，用大毛巾把自己包裹起来，然后自己在垫子上滚动。

5. 活动变式

（1）在垫子上滚；

（2）在地上滚；

（3）包裹毛巾在墙壁上"糊墙纸"。

6. 活动设计建议

（1）包裹挤压的时候，注意力度、部位的变化和自闭症儿童衣物厚薄的变化。

（2）挤压过程中注意引导自闭症儿童感受力度、部位刺激的不同变化。

（3）活动过程中注意进行身体部位的认知和语言交流。

九、挠痒痒

1. 活动目标

加强不同物品和不同力度对自闭症儿童肌肤的接触刺激，活化其触觉接收器，提高他们的触觉接收能力。

强化自闭症儿童本体感，减少其触觉防御。

2. 活动场地

感统训练室。

3. 器具准备

羽毛、软毛牙刷、鞋刷、干毛巾、天鹅绒布条、丝绸布条。

4. 活动过程设计

教师和自闭症儿童面对面坐好。教师先用羽毛在自闭症儿童的手心、脚心、颈部、腋下挠动，再用牙刷刷动、鞋刷刷动，一边刷一边告诉自闭症儿童刷动的部位。

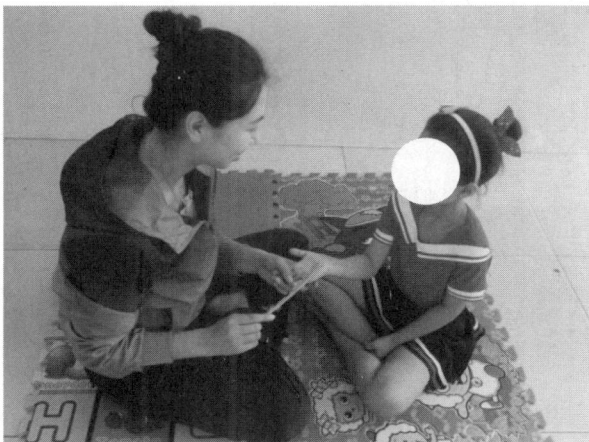

让自闭症儿童闭上眼睛，教师先用羽毛在自闭症儿童的手心、脚

心、颈部、腋下挠动,再用牙刷刷动、鞋刷刷动,刷的时候用语言提示:"老师挠你哪里了？"

　　教师出示干毛巾、天鹅绒布条、丝绸布条,分别告诉自闭症儿童 3 种物品的名称;用 3 种物品分别在自闭症儿童胳膊上、手背等处用力刷动 10 次,再分别轻轻在手背和胳膊上刷动,引导自闭症儿童感受不同感觉。

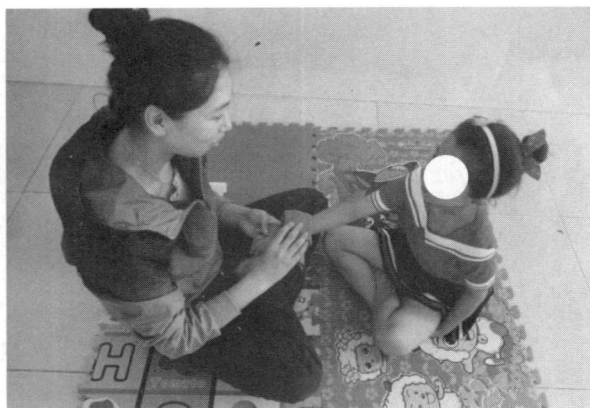

　　让自闭症儿童闭上眼睛,教师用上述 3 种物品,用不同的力度在他们胳膊上和手背刷动 10 次,让他们说出是哪一种物品刷动的并说出力量轻重。

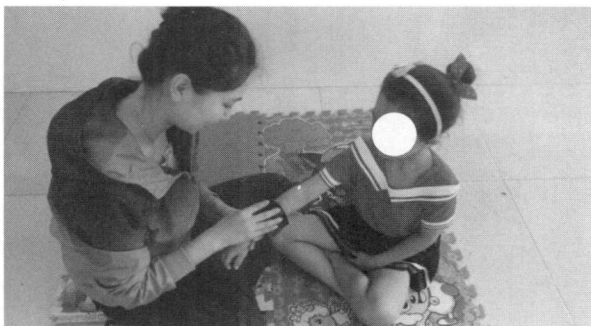

用相同的顺序在自闭症儿童的脸、手心、脚背、脚底等位置刷动。

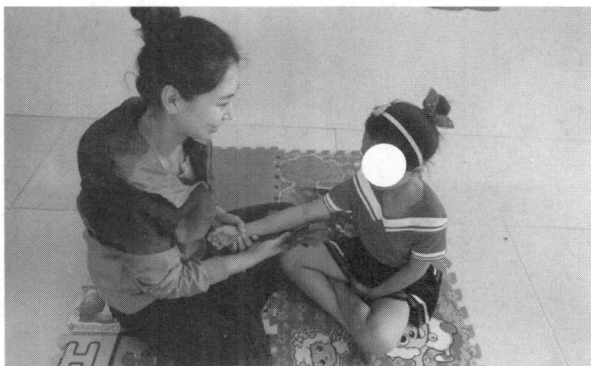

5. 活动设计建议

（1）施加触觉刺激时要尊重自闭症儿童的反应，刺激位置由刺激防御较少的部位过渡到敏感部位，顺序如：脸—颈部—手心—脚心—腋下，力度由大到小。

（2）施加触觉刺激时要根据自闭症儿童的耐受程度和反应随时调整时间长短、频率和力度。

（3）训练过程中适时进行身体部位的认知和语言交流。

十、风来了

1. 活动目标

强化自闭症儿童的触觉接受及触觉功能分化。

2. 活动场地

感统训练室。

3. 器具准备

纸扇、吹风机。

4. 活动过程设计

教师与自闭症儿童面对面坐好，教师拉起自闭症儿童的手，用嘴在其手背、手心分别用不同力度和速度吹 3 口气，引导他们感受不同的刺激。

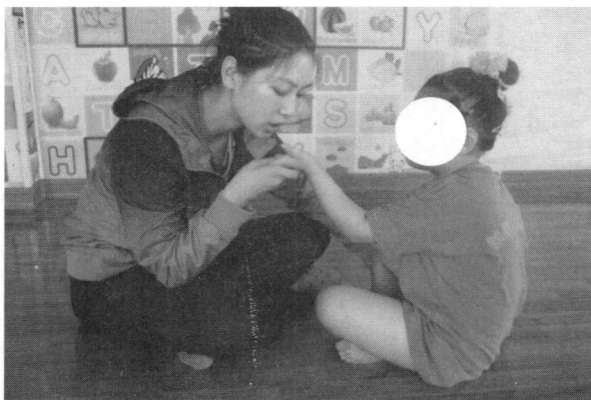

教师面对自闭症儿童的脸颊侧面，分别用不同力度和速度吹 3 口气，引导他们感受不同的刺激。

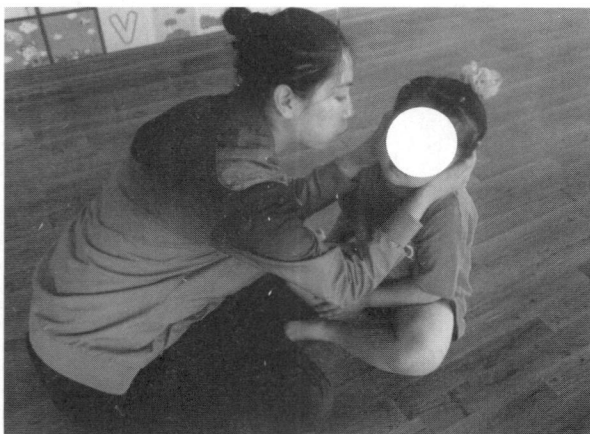

　　教师面对自闭症儿童的脸颊侧面，手拿纸扇，分别用不同力度和速度扇 3 次风，引导他们感受不同的刺激。

　　教师以不同的温度用吹风机吹自闭症儿童的头发、脸颊、颈部、手臂、手心、手背、大小腿及脚底各 3 次，引导他们感受不同的刺激。

　　教师引导自闭症儿童脱掉衣服，对着背部、胸部和腹部用不同温度吹风 3 次。

5. 活动变式

（1）吹吹电风扇；

（2）吹吹空调；

（3）迎风扑面；

（4）吸管吹气。

6. 活动设计建议

（1）在吹风时，可以让儿童的受风部位轻轻移动，感受风的变化。

（2）感受刺激同时进行温度、感觉等相关认知教育和语言交流。

十一、亲密无间

1. 活动目标

通过自闭症儿童自身或者教师的躯体间的相互接触、刺激，提高皮肤感受刺激的机能。

2. 活动场地

感觉统合训练室。

3. 器材准备

垫子。

4. 活动过程设计

拍打揉搓：自闭症儿童放松站立，教师对自闭症儿童身体进行拍打、揉搓等数次，注意动作的轻重、快慢变化以及着装厚薄提供不同的刺激感受。

背靠背：教师与自闭症儿童背靠背坐在垫子上，互相挤压、搓滚。

点穴游戏：教师与自闭症儿童面对面坐在垫子上，出其不意互点对方身体或者挠痒痒，不笑者获胜。

我画你猜：教师在自闭症儿童后背画图案、写数字，引导他们感觉并猜出名称。

5. 活动设计建议

（1）拍打揉搓训练时教师要随时调节拍打、揉搓的轻重、快慢、节律变换。

（2）背靠背训练要注意变换挤压的部位和力度。

（3）点穴游戏要注意点穴时动作的快慢和力度。

（4）我画你猜要注意画图案时动作的力度和幅度由大变小，注意画图案动作的快慢变化和部位的变化。

（5）训练过程不超过 30 分钟，每周进行 3~5 次。

（6）教师要适时进行身体部位和感觉等的认知教育和相应的语言训练。

十二、寻宝大作战

1. 活动目标

提供感觉刺激输入，可用于改善触觉敏感或不足。

2. 活动场地

感觉统合训练室、家中。

3. 器具准备

水桶、串珠、弹珠、积木、鹅卵石。

4. 活动过程设计

将小水桶里装满水，将积木、串珠等放入水中，让自闭症儿童在水里打捞。

把弹珠放入水中，让自闭症儿童在水中打捞。

将积木、串珠、鹅卵石、弹珠都放入水中，让自闭症儿童打捞并说出打捞物品的名称。

5. 活动设计建议

在用水桶进行活动时，保护好自闭症儿童不要将头伸入水桶中。

第七章　自闭症儿童前庭觉训练的活动设计

一、龙球变式

1. 活动目标

（1）通过对自闭症儿童在龙球上的变式运动，增强他们的前庭刺激，促进他们前庭体系的统合。

（2）强化前庭刺激及全身肌肉的伸展和活化性。

2. 活动场地

感觉统合训练室。

3. 器具准备

大龙球。

4. 活动过程设计

自闭症儿童趴俯卧在大龙球上，双臂伸直，抬头，躯干用力保持伸直，躯体整体呈飞行状。同时，教师扶着自闭症儿童腰部，完成摆动或滚动活动，自闭症儿童在失衡状态时反射性调整躯体姿势。

自闭症儿童仰躺在大龙球上，教师扶住自闭症儿童大腿来回推动。

自闭症儿童的背部贴在大龙球上。教师双手扶持自闭症儿童腰部（能力较强的孩子自行趴上），一手推大龙球使自闭症儿童全部悬空，随后助推使球左右前后摆动或上下震荡或小范围滚动环绕。如此反复多次，稍事休息。

自闭症儿童仰卧或俯卧在大龙球上，教师握住自闭症儿童的脚踝来回晃动。

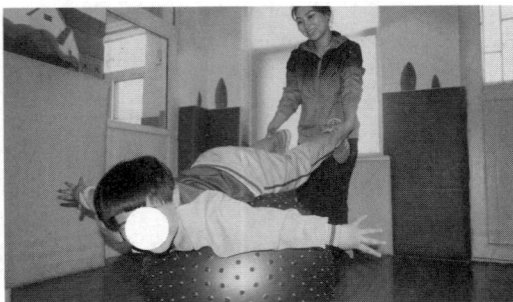

　　自闭症儿童坐或站在大龙球上,教师扶住自闭症儿童随球弹力上下弹动。

　　大龙球人体跷跷板(俯卧):在教师的持压下,自闭症儿童双脚、双臂伸直,躯体及头颈部在球上完成屈伸动作,似跷跷板。

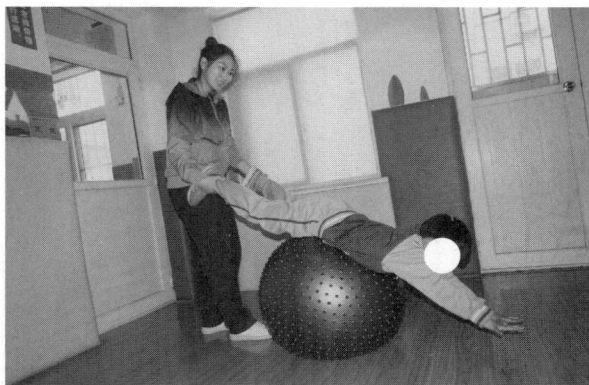

5.活动设计建议

　　(1)龙球变式运动都在有泡沫的地面或是地毯上进行。

　　(2)教师要近身防护,以防自闭症儿童滑落,发生危险。

　　(3)对于触觉过分敏感的自闭症儿童可选用表面光滑的大龙球;对于触觉过分迟钝的自闭症儿童可选用颗粒性大龙球。

（4）大龙球充气不要充得过满。

二、悬荡吊筒

1. 活动目标

（1）通过游戏,调节自闭症儿童前庭感觉系统,增强其对身体的控制能力。

（2）训练和提高自闭症儿童空间感知的能力。

2. 活动场地

感觉统合训练室。

3. 器具准备

抱筒、软垫、水果模型。

4. 活动过程设计

让自闭症儿童坐在抱筒上,上下肢夹住筒体,教师前后助推筒体轻轻荡起（对肢体力量小的自闭症儿童要注意摆荡幅度的控制）。在训练初期,为防止自闭症儿童发生意外,可在吊筒下面铺设软垫。

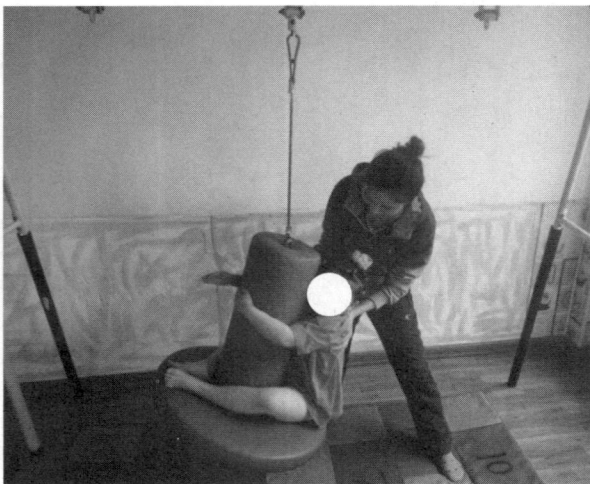

让自闭症儿童坐在竖抱筒上,双臂伸开如同飞机式,教师推动抱筒来回荡摆。

　　让自闭症儿童站在抱筒上，双手用力抱紧抱筒，教师推动抱筒来回悠荡。

　　在自闭症儿童有了一定的荡吊筒基础之上，教师和自闭症儿童一起玩采摘水果的游戏。教师将水果模型放在自闭症儿童前后荡吊筒伸手可触的范围内，身体呈飞机式采摘水果。自闭症儿童如不能顺利采摘到水果，教师可拿起水果放在自闭症儿童的手中，防止自闭症儿童在游戏过程中受到挫败，将所有采摘的水果

放到桶中，最后计算自闭症儿童在游戏过程中采摘的水果数量。

5. 活动设计建议

（1）检查吊筒和各组件之间的连接是否牢靠。

（2）自闭症儿童在初始时可能会紧张，教师要先给予安抚，避免自闭症儿童在吊筒上挣扎。如果自闭症儿童无法取得前方的水果模型，教师可把水果模型握在手里，等自闭症儿童靠近时放到儿童手中。

（3）在训练时，根据自闭症儿童肢体夹抱筒体的力量和时间由慢到快进行摆荡。

（4）对过分敏感或胆小的自闭症儿童不能强迫训练，操作不熟练的自闭症儿童可与教师一起摆荡，训练时可在吊筒下铺设软垫。

三、单双脚跳跃

1. 活动目标

使自闭症儿童获得更多的前庭刺激，改善前庭觉的处理功能，提高自闭症儿童的弹跳力和下肢肌力，进一步促进身体两侧的协调。

2. 活动场地

感觉统合训练室。

3. 器具准备

呼啦圈、可移动台阶。

4. 活动过程设计：

教师演示单双脚跳跃的动作。

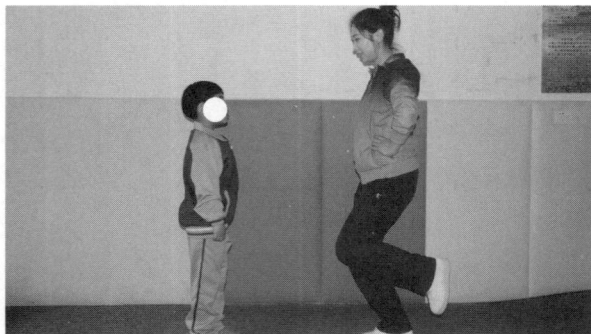

教师站在自闭症儿童前面指导自闭症儿童单双脚跳跃，在跳跃的过程中给予适当的辅助，帮助自闭症儿童保持身体平衡。

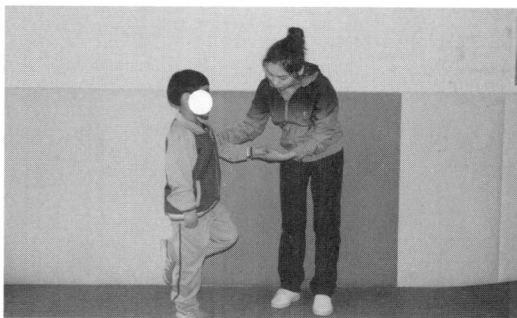

让自闭症儿童随意双脚、单脚跳跃练习，保持身体平衡。

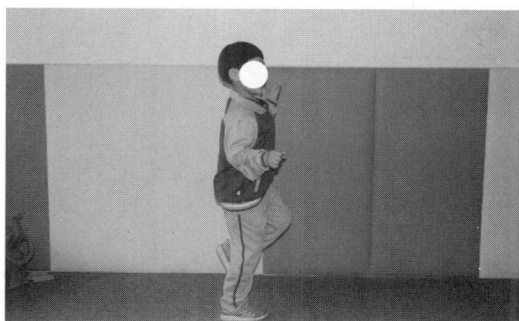

让自闭症儿童站在一级台阶上，先双脚跳下，再单脚跳下，等自闭症儿童掌握了跳台阶的技能，可让自闭症儿童跳多级台阶（根据自闭症儿童的情况，选择跳跃方式）。

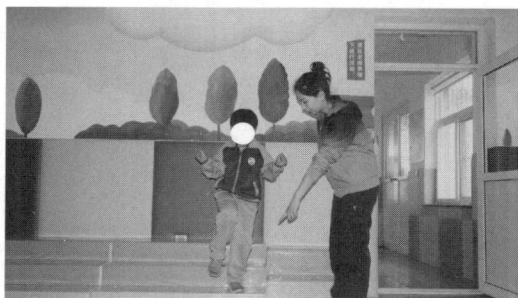

5．活动变式

（1）可让自闭症儿童在台阶或可移动台阶上跳跃。

（2）在地板上摆放数个小号的呼啦圈，让自闭症儿童以双脚跳或单脚跳的方式跳过所有的圈圈。

6．活动设计建议

教师要及时提醒自闭症儿童注意安全或给予肢体辅助，以免发生意外。

四、走线游戏

1．活动目标

强化自闭症儿童的前庭感觉。

调整自闭症儿童的平衡能力。

2．活动场地

感觉统合训练室。

3．器具准备

彩色胶带。

4．活动过程设计

用彩色胶带在地上贴出直线，教师先示范走直线的动作要领，自闭症儿童站在一旁观看。

自闭症儿童在教师的指导下单独走直线。

5. 活动变式

让自闭症儿童走 S 线。

6. 活动设计建议

训练前期，教师要给予自闭症儿童一定的辅助支持。

五、摇滚跷跷板

1. 活动目标

（1）提高自闭症儿童平衡能力及运动协调能力。

（2）增强自闭症儿童的注意力及动作的协调性，强化前庭系统，提高对身体的控制力。

2. 活动场地

感觉统合训练室。

3. 器具准备

摇滚跷跷板、球。

4. 活动过程设计

自闭症儿童站在摇滚跷跷板旁边，训练人员先示范踩摇滚跷跷板的姿势。

　　自闭症儿童站在摇滚跷跷板前，一只脚踩于摇滚跷跷板一端，一只脚支撑地面以保持平稳，待踩稳后，将另一只脚踩上摇滚跷跷板。

　　儿童双脚同时踩上摇滚跷跷板后，双脚慢慢向两侧分开以调整双脚位置便于受力。而后，两脚左右交替做踩踏动作（3 分钟 /100 下）。

练习完成后,自闭症儿童先将两脚慢慢向内回收,使两脚的位置靠近摇滚跷跷板的中心位置,一只脚先拿下台面,站稳后再将另一只脚拿下。

5. 活动变式

抛接球练习:让两个自闭症儿童分别站在摇滚跷跷板两端,在左右摇摆的同时相互抛球。

6. 活动设计建议

(1)训练前期,根据自闭症儿童情况给予一定的辅助支持,在摇滚跷跷板旁边布置软垫,避免摔伤。

(2)如果自闭症儿童能够数数,可让自闭症儿童自行进行计数。

六、"小飞侠"蹦床游戏

1. 活动目标

(1)提高自闭症儿童肢体协调和配合能力;

(2)改善自闭症儿童的本体觉、前庭觉的处理功能,提高自闭症儿童平衡力、弹跳力和下肢肌力。

2. 活动场地

感觉统合训练室。

3. 器具准备

蹦床、气球。

4. 活动过程设计

教师演示在蹦床上跳跃，自闭症儿童在蹦床上自由跳跃。

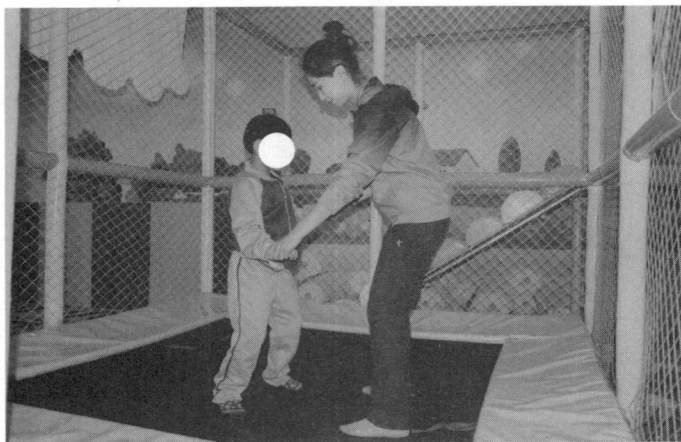

悬挂气球，让自闭症儿童以弹跳的形式将气球摘下。

增加气球高度，让自闭症儿童以弹跳的方式去触碰气球，此时不要求将气球取下。

在自闭症儿童能够双腿完成训练任务后,可以让自闭症儿童以单腿跳跃形式来进行"小飞侠"游戏活动。

5. 活动变式

自闭症儿童站在蹦床上,教师面对面站在自闭症儿童面前,在自闭症儿童蹦跳时,向其投掷沙包或篮球,让其接住后再投掷给教师。

6. 活动设计建议

在自闭症儿童有一定的蹦床基础上,可让两个或多个孩子协作跳跃。

七、旋转大陀螺

1. 活动目标

改善自闭症儿童的前庭功能,促进其动作协调能力。

2. 活动场地

感觉统合训练室。

3. 器具准备

大陀螺。

4. 活动过程设计

让自闭症儿童盘坐于陀螺内，臀部应位于旋转陀螺的中心凹处，双手抓住陀螺边缘的把手，保持平衡，教师在外帮助其旋转。

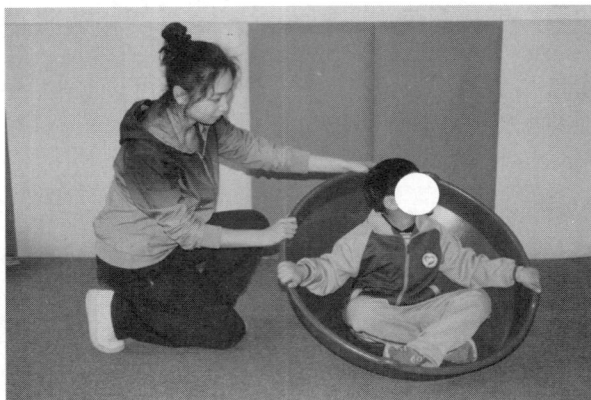

让自闭症儿童在掌握训练姿势后，自行晃动带动大陀螺旋转，教师在自闭症儿童无法带动大陀螺旋转时可以辅助其转动。

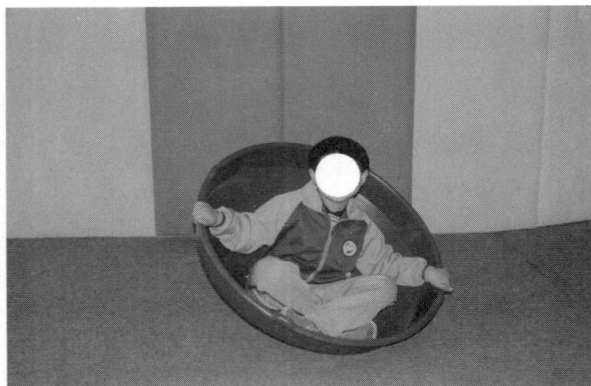

5.活动变式

让两名自闭症儿童同时坐在一个大型号的大陀螺里,双手抓住陀螺的边缘,两人配合转动陀螺。

6.活动设计建议

(1)教师及时给予辅助,避免意外发生。

(2)尽可能引导自闭症儿童。

(3)训练时间根据每个自闭症儿童的需要进行调整。

八、滑板超人

1.活动目标

改善自闭症儿童的前庭觉处理功能,训练平衡力、头颈躯体运动动态控制能力。

2.活动场地

感觉统合训练室。

3.器具准备

大滑梯、滑板。

4.活动过程设计

让自闭症儿童腹部贴在大滑板上,四肢伸直、头抬起,教师推动滑板向前滑动。

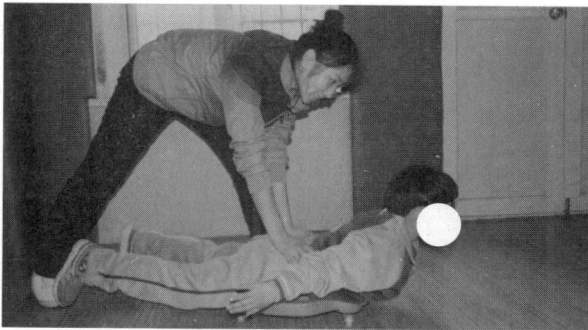

教师把滑板放在滑梯上,儿童四肢伸直、头抬起,教师推动滑板,让滑板沿滑梯向下滑。

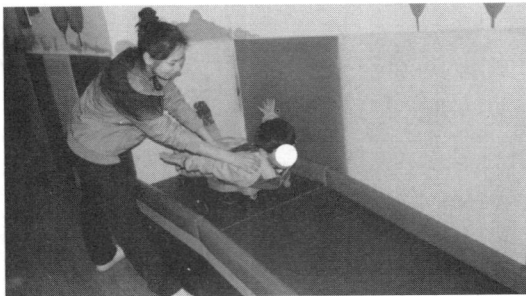

　　教师把滑板放在滑梯上，儿童四肢伸直、头抬起，教师指导自闭症儿童用脚蹬墙，利用助力让滑板滑行。

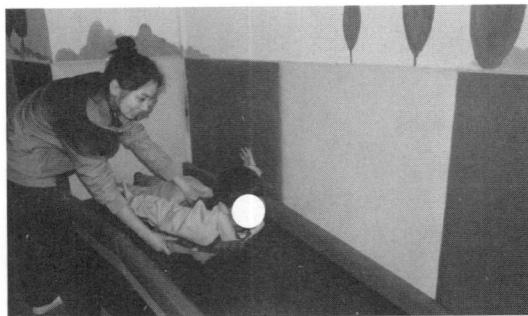

　　自闭症儿童一手抓一个球，教师把滑板放在滑梯上，四肢伸直、头抬起，教师指导自闭症儿童用脚蹬墙，利用助力让滑板滑行，把球投入篮内。

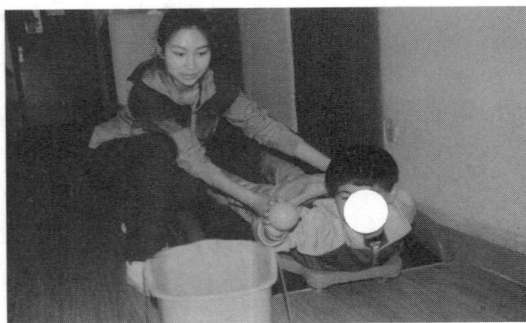

5. 活动设计建议

　　（1）俯卧滑板动作要领：滑板置于自闭症儿童腹部下方，自闭症儿童取俯卧位,面向前,两腿伸直、抬头,双手牵拉滑梯道壁起滑,滑行期间,双臂平举伸直。

（2）自闭症儿童往下滑动时容易害怕,可以在滑下的位置安放软垫,并留出足够空间便于滑行。训练室周边墙体应该安装软垫,保护自闭症儿童的安全。

（3）滑行时儿童手臂不可屈曲,手不得持握滑板边缘,否则会夹击肢体。

（4）教师需时刻注意自闭症儿童训练过程中反应,避免意外情况。

（5）自闭症儿童还可以采用仰卧、盘腿坐等姿势,正滑和倒滑来增加难度和训练强度。

九、乌龟爬行

1. 活动目标

改善自闭症儿童的前庭功能,提高自闭症儿童的平衡能力及手眼协调能力。

2. 活动场地

感觉统合训练室。

3. 活动器具准备

滑板、小玩具。

4. 活动设计过程

让自闭症儿童趴在滑板上,四肢着地,先模仿乌龟爬行的样子。

自闭症儿童趴在滑板上，四肢着地，沿直线爬、转圈爬。

5. 活动变式

在自闭症儿童的前方地上放置一个玩具，让自闭症儿童爬行到此处拾取地上的玩具，把玩具交给老师。

6. 活动设计建议

（1）先在平地爬，爬行难度要逐渐增加。

（2）爬行中要注意激励自闭症儿童。

十、开火车爬行

1. 活动目标

促进前庭觉、触觉、运动觉的协调发展，促进颈部、手部、腿部肌肉的控制能力。

2. 活动场地

感觉统合训练室。

3. 器具准备

5 块小滑板。

4. 活动设计过程

让一名爬行能力强的自闭症儿童俯卧在最前面的滑板上，双腿抬起，脚尖向后绷直。第二名自闭症儿童俯卧在第二块滑板上，双手拉住前面自闭症儿童的脚踝，脚尖向后绷直。后面依次类推，5 名自闭症儿童连接成火车状。待教师发出"火车开动"的命令，"火车头"便用力往前爬行，带动后面的车厢沿直线滑行。

5. 活动设计建议

可在平地自由行驶、旋转行驶、过障碍行驶、直线行驶、弯道行驶。

十一、爬行游戏

1. 活动目标

促进前庭觉、触觉及运动感觉的协调发展,促进颈部肌肉的控制能力。

2. 活动场地

感觉统合训练室。

3. 活动设计过程

跪爬。教师先演示,辅助自闭症儿童跪爬,然后儿童自由爬。

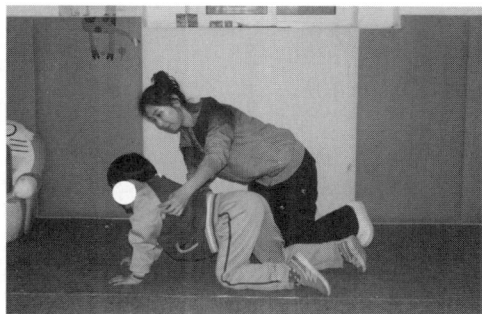

手足爬。教师先演示,辅助自闭症儿童手足爬,然后儿童自由爬。

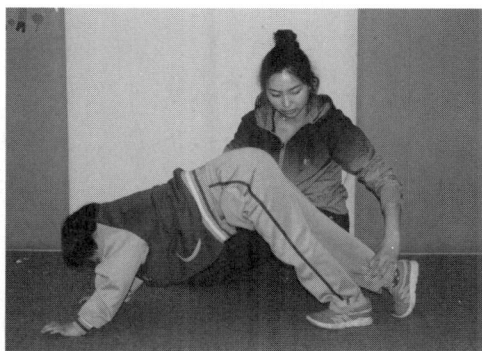

匍匐爬行。教师先演示,辅助自闭症儿童匍匐爬行,然后儿童自由爬。

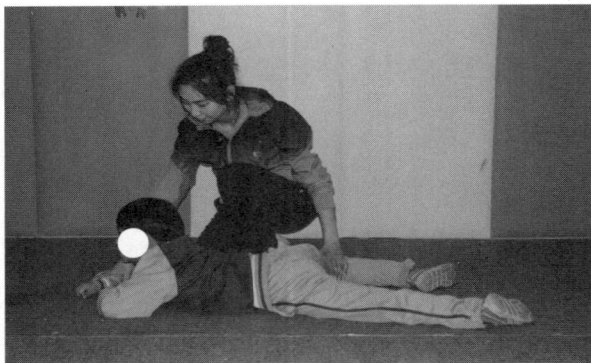

5. 活动变式

（1）沿直线跪爬、转圈跪爬。

（2）沿直线手足爬、转圈爬。

（3）沿直线匍匐爬、转圈爬。

6. 活动设计建议

（1）不管在游戏活动还是家庭中，首推匍匐爬。不仅能训练前庭觉还能训练触觉。

（2）爬行的路线长短、时间，要根据每个孩子的实际情况来确定。

（3）在爬行过程中，教师要合理利用强化物来引导孩子积极爬行。

十二、趴地推球

1. 活动目标

（1）促使自闭症儿童颈部、背部肌肉紧张收缩。

（2）加强自闭症儿童眼球集中注视的能力，改善眼球跳跃不稳及好动不安的情况。

（3）增进眼手协调，使肢体运用更灵巧。

2. 活动场地

感觉统合训练室。

3. 器具准备

皮球、滑板。

4. 活动设计过程

教师先演示趴地推球的动作要领。

让自闭症儿童趴在离墙壁 1 米处，头抬起，双手往墙上反复推球。

5. 活动变式

两名自闭症儿童趴在距离 1 米处，互相推球。

6. 活动设计建议

（1）自闭症儿童与墙的距离逐渐增加，推球次数要根据自闭症儿童情况来定。

（2）趴地推球时，教师要及时提醒自闭症儿童抬起头颈。

十三、吊马游戏

1. 活动目标

（1）刺激自闭症儿童的前庭感受器，让他们体会由静到动，由动到静的肌肉反应和前庭感觉输入。

（2）有助于自闭症儿童姿势和平衡的建立。

2. 活动场地

感觉统合训练室。

3. 器具准备

吊马。

4. 活动设计过程

让自闭症儿童俯趴在吊马的横抱筒上，上下肢夹住筒体，教师拉动横抱筒一侧，让自闭症儿童前后来回晃动。

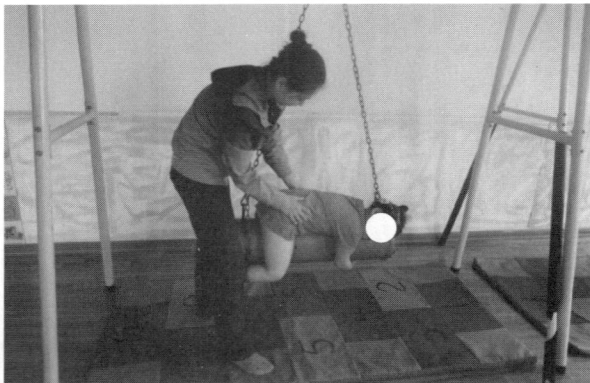

让自闭症儿童坐在横抱筒上，双手扶住吊篮，教师推动，如荡秋千。

让自闭症儿童骑在横抱筒上,教师手推吊绳来回摆荡。

5. 活动变式

让两名自闭症儿童背对背或面对面坐在横抱筒上,来回摆荡。

6. 活动设计建议

(1)肢体力量小的自闭症儿童容易从吊马上落下,教师应注意对摆荡幅度的控制,过分敏感、胆小的自闭症儿童不宜特别强迫,须与教师同荡。

(2)自闭症儿童在做趴位旋转时,教师应指令自闭症儿童在旋转中睁眼环视或闭目静感,并及时与自闭症儿童沟通感受,如果感觉难受就停止训练,稍事休息后再训练。

(3)荡摆的幅度、时间要根据自闭症儿童的情况来定。

十四、稳坐独脚凳

1. 活动目标

(1)通过让自闭症儿童在独脚凳上的系列动作训练,协助身体平衡能力的建立。

(2)增强自闭症儿童的注意力及肢体运动的稳定性,提高对身体的控制力。

(3)通过练习,让自闭症儿童掌握和体会身体的重心力,建立前庭感觉机能。

2. 活动场地

感觉统合训练室。

3. 器具准备

独脚凳。

4. 活动过程设计

教师先演示坐独脚凳的动作。

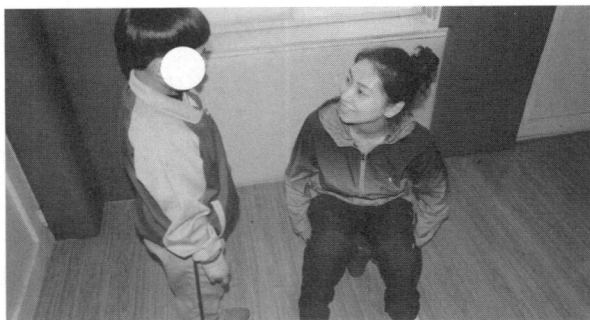

教师辅助自闭症儿童坐在独脚凳上。

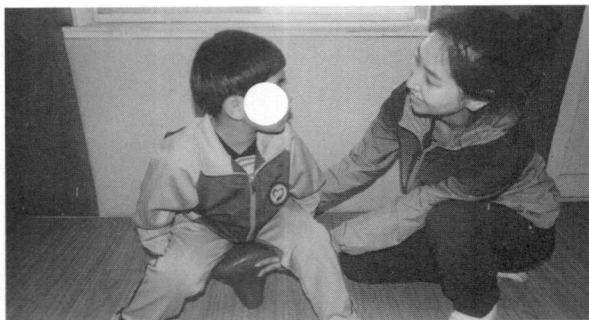

自闭症儿童独自坐在独脚凳上。

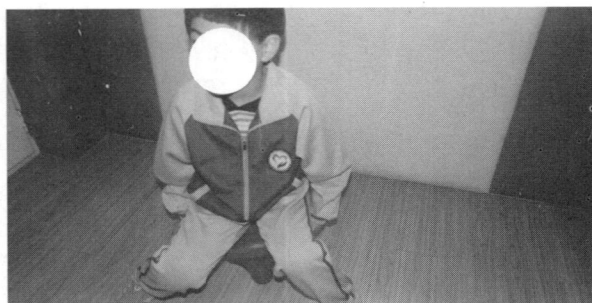

自闭症儿童一脚着地，另一脚抬起。

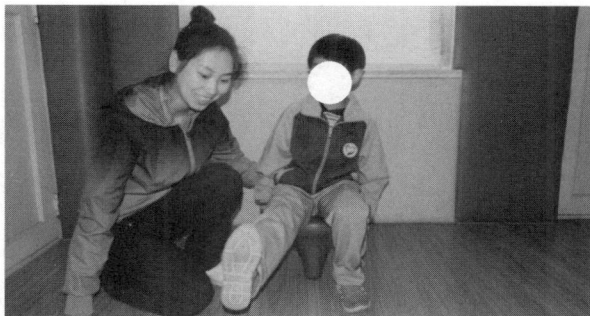

5. 活动变式

（1）自闭症儿童能稳定坐在独脚凳上后，可进行前合后仰动作。

（2）取椅坐位，侧移脚，交替旋转，完成椅坐转圈动作。

6. 活动设计建议

（1）开始时教师可给予身体指导，帮助自闭症儿童学会保持平衡，然后在每一个（难度）环节中给予适当的帮助，直至该环节通过，再进入下一环节的训练。

（2）可以根据不同自闭症儿童的运动水平和练习及接受情况，可以适当增加难度和练习的次数，以巩固练习效果。

（3）教师要给予适度保护，以免发生危险。

十五、向左走，向右走

1. 活动目标

强化前庭觉和中枢脊髓神经的协调性，促进大小肌肉的灵活。

2. 活动场地

感觉统合训练室。

3. 器具准备

小球。

4. 活动过程设计

教师举起双手与耳朵齐高，双脚略弯曲，向左或向右连续横行，如螃蟹走路状。

自闭症儿童模仿教师动作。

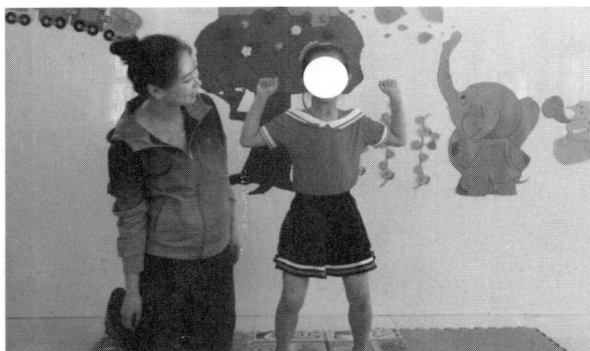

自闭症儿童双手高举小球或双手各夹一个小球，向前、向左、向右踏脚横走。

5. 活动设计建议

（1）活动场地路面要平，不能有杂物。

（2）此游戏每次进行的时间控制在 5~10 分钟，每周 2~3 次。

第八章　自闭症儿童本体觉训练的活动设计

一、穿越丛林

1. 活动目标

（1）加强自闭症儿童跨、爬、绕的技能训练，以及对于障碍的应急反应。

（2）改善身体概念及空间概念，强化自闭症儿童本体感觉。

2. 活动场地

感觉统合训练室。

3. 器具准备

拱形门、万象组合。

4. 活动过程设计

跨步：设置 3 个不同高度的障碍，自闭症儿童站在障碍物旁，教师先示范跨越障碍物的姿势，让自闭症儿童根据不同障碍物的高度，脚抬高不同高度跨越而过。

绕行：设置无法跨越的障碍，教师示范安全绕过障碍物的方式。自闭

症儿童掌握安全绕行技巧,与障碍物保持合适的安全距离,进行绕行练习。

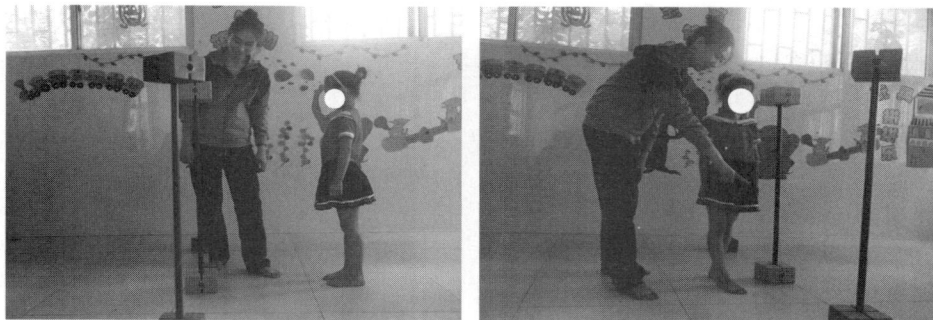

爬行:教师示范爬行姿势。自闭症儿童膝盖跪地,身体向前趴,并用双手支撑身体实现爬的动作前提。

5. 活动变式

创设穿越丛林的情境,设置 5 道关卡,分别为小型障碍物跨步、单个拱门爬行、连续 3 个拱门爬行、大型障碍物绕行、万象组合中的钻圈。自闭症儿童两人一组相互帮助,共同根据情景判断,直至成功穿过所有障碍抵达终点。

6. 活动设计建议

(1)感觉统合器材和道具要固定好,防止意外伤到自闭症儿童。

（2）自闭症儿童在训练时，教师要将动作要领准确传达给自闭症儿童，避免意外发生。

（3）教师要在训练时在场实施监视、指导。

二、平衡脚踏车

1. 活动目标

（1）刺激自闭症儿童的手臂和脚部力量以及四肢的各关节，强化自闭症儿童的本体感觉。

（2）促进全身肌肉发展，加强自我动作的控制能力。

2. 活动场地

感觉统合训练室。

3. 器具准备

平衡脚踏车、障碍物。

4. 活动过程设计

教师带领自闭症儿童熟悉平衡脚踏车，并示范使用平衡脚踏车的姿势。双脚分别站在平衡脚踏车的两个踏板上，双手握住两侧扶手。膝关节做伸屈动作，双脚左右交替前进，手及两臂做上下运动。

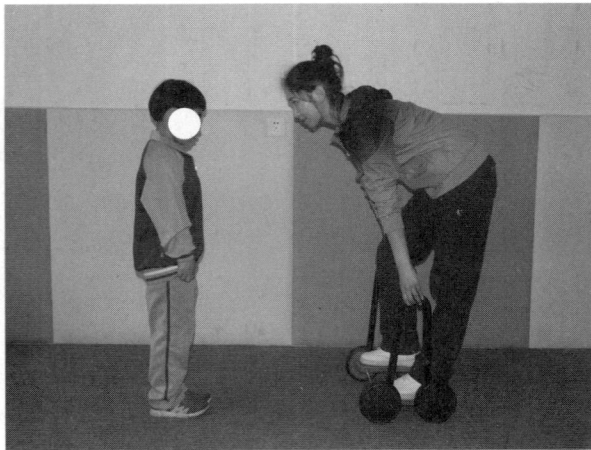

自闭症儿童在指定区域进行平衡脚踏车体验训练。

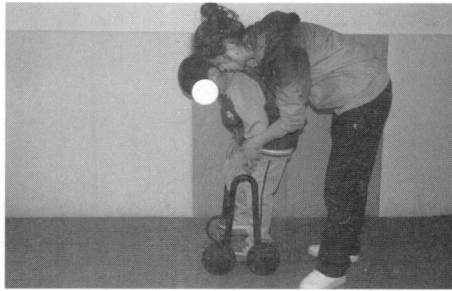

在练习区域设置一个障碍物,教师示范如何安全绕过障碍物继续前行,再在一旁指导自闭症儿童进行平衡脚踏车绕过障碍物训练。

在 10 米的直线距离中设置 3 个障碍物,自闭症儿童需脚踩平衡脚踏车绕过障碍物抵达终点。

5. 活动设计建议

(1)训练前期,教师要给自闭症儿童一定的辅助支持。

(2)设置自闭症儿童练习区域时,最好将练习区域设置在比较空旷的地方,如操场等,避免练习时发生碰撞等意外情况。

三、左右平衡台

1. 活动目标

（1）刺激自闭症儿童的本体感觉,促进其身体协调性。

（2）提高自闭症儿童平衡能力及运动协调能力。

2. 活动场地

感觉统合训练室。

3. 器具准备

左右平衡台、篮球。

4. 活动过程设计

自闭症儿童站在左右平衡台旁边,教师先示范踩平衡台的姿势。

自闭症儿童站在左右平衡台前,一只脚踩于平衡台中心部位,一只脚支撑地面以保持平稳,待踩稳后,将另一只脚踩上平衡台。

双脚同时踩上平衡台后，双脚慢慢向两侧分开以调整双脚位置便于受力。而后，两脚左右交替做踩踏动作（3 分钟 /100 下）。

练习完成后，自闭症儿童先将两脚慢慢向内回收，使两脚的位置靠近左右平衡台的台面中心位置，一只脚先拿下台面，站稳后再将另一只脚拿下。

5. 活动变式

抛接球练习：让两名自闭症儿童站在平衡台上，在左右摇摆的同时相互抛球。

6. 活动设计建议

（1）训练前期，教师应根据自闭症儿童情况给予一定的辅助支持，在左右平衡台旁边布置软垫，避免摔伤。

（2）如果自闭症儿童能够数数，可让自闭症儿童自行进行计数。

四、阳光隧道

1. 活动目标

（1）通过练习掌握钻、爬的基本动作，使自闭症儿童正确判断自己身体的感觉。

（2）能手膝着地自然协调地向前爬，调节本体感觉。

2. 活动场地

感觉统合训练室。

3. 器具准备

阳光隧道、软垫。

4. 活动过程设计

教师示范爬入隧道的动作。

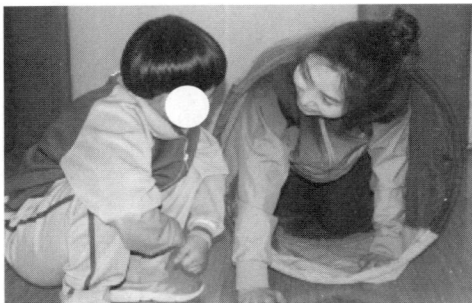

教师指导自闭症儿童从隧道一个口爬入，从另一个出口爬出。

让自闭症儿童独自尝试,从隧道一个口爬入,从另一个出口爬出。

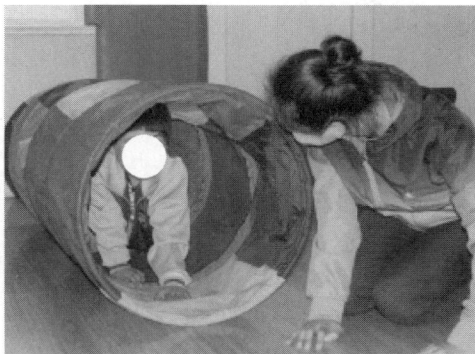

5. 活动变式

(1)自闭症儿童从隧道中拿出指定的物品,要求自闭症儿童用一只手拿物,用另一只手爬出隧道。

(2)让两名自闭症儿童从阳光隧道两个口分别进入,交替从另一个口爬出。

6. 活动设计建议

(1)阳光隧道两头出口布置软垫。

(2)训练时,注意儿童的安全,防止在隧道内抬头时碰到头。

五、夹豆子

1. 活动目标

(1)增进协调平衡能力,刺激本体感觉。

(2)提供前庭觉、本体觉刺激,降低前庭本体过度的反应。

2. 活动场地

感觉统合训练室、家中。

3. 器具准备

筷子、大小不同的珠子、镊子、盒子。

4. 活动过程设计

教师示范用筷子夹珠子,自闭症儿童在旁边观察。

自闭症儿童用筷子夹珠子。

将两种不同型号的珠子混合在一起，自闭症儿童用筷子将大小不同的珠子分别夹入指定的盒子里。

5. 活动设计建议

训练时,应注意自闭症儿童的安全,防止误食珠子或筷子伤到眼睛。

六、袋鼠跳

1. 活动目标

(1)高自闭症儿童肌肉的协调性和力量。

(2)培养自闭症儿童耐力,提高腿部肌肉力量,促进本体感觉。

2. 活动场地

感觉统合训练室。

3. 器具准备

跳袋。

4. 活动过程设计

教师示范表演袋鼠跳,讲解动作方法,双脚并拢,膝盖稍微弯曲,用力向前跳。准备跳的时候,双腿要用力蹬,向前上方跳。落地时,前面的脚掌先碰到地面,动作要轻点。设置起点和终点,来回重复五次。

自闭症儿童练习模仿袋鼠跳、原地跳、向前一步跳、连续向前跳,逐渐增加难度,每次准备要跳时要先站稳后再向前跳,不要着急,防止摔倒,来回重复 5 次。

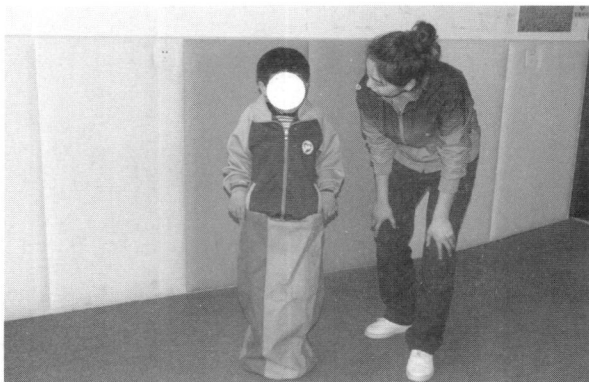

教师在地上放置玩具，自闭症儿童在跳袋里蹲下捡玩具。

教师在地上放置玩具，自闭症儿童在跳袋里跳过玩具。

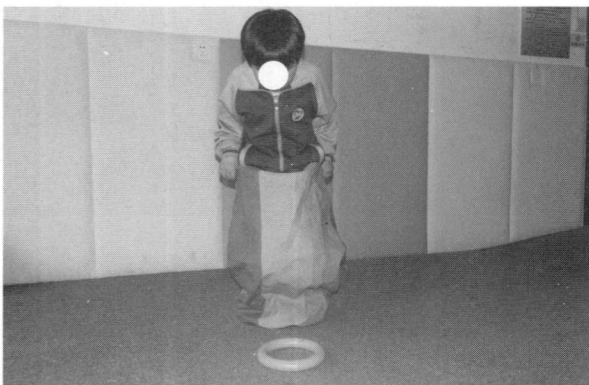

5. 活动设计建议

（1）教师应检查跳袋无破损，在训练时时刻注意自闭症儿童的安全，确保其不要被跳袋绊倒。

（2）在地板上布置软垫。

（3）在进行袋鼠跳时，必须双手抓住跳袋。

七、滚筒游戏

1. 活动目标

（1）通过强化固有感觉来提高自闭症儿童的姿势平衡能力。

（2）通过滚筒游戏，增强自闭症儿童的感觉刺激，并对他们本体感的建立及强化身体形象概念有促进作用。

2. 活动场地

感觉统合训练室。

3. 器具准备

滚筒。

4. 活动过程设计

教师推滚筒，让自闭症儿童观察柱体的滚动。

自闭症儿童推滚筒，亲自感受柱体的滚动，进行低重心平衡训练。

可进行俯卧滚筒，让自闭症儿童俯卧在滚筒上，教师扶着自闭症儿童的脚前后晃动，要求自闭症儿童努力抬起头、颈部，伸展双臂。

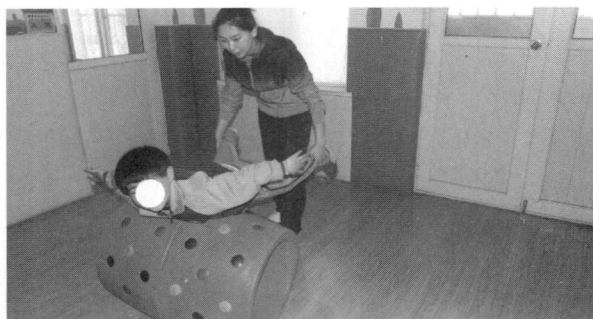

将滚筒竖立，让自闭症儿童自己爬上滚筒上面，分开双脚，伸展双手，保持身体的平衡。尽量让自闭症儿童自己做，教师在一旁注意保护，适当给予帮助。

　　把滚筒当作隧道，自闭症儿童自己玩爬进爬出的游戏，可以头在先，脚在后，顺着进去，倒着出来；也可以脚在先，头在后，倒着进去，顺着出来；还可以蹲在里面转弯、掉头。教师提醒自闭症儿童注意手脚和身体的运用。

　　5. 活动设计建议

　　（1）训练时，教师晃动自闭症儿童的动作幅度不可过大。

　　（2）教师应指导自闭症儿童晃动时手脚的动作，以免晃动时手脚受伤。

　　（3）自闭症儿童站立平衡时，教师应给予一定的辅助，周围布置软垫。

八、弯腰左右腿交替钻呼啦圈

　　1. 活动目标

　　（1）发展自闭症儿童的本体觉，提高自闭症儿童的肢体协调运动能力及平衡能力。

　　（2）自闭症儿童在训练中体验快乐和成功的感觉，有效地调节情绪，增强自我控制能力。

　　2. 活动场地

　　感觉统合训练室。

3. 器具准备

呼啦圈。

4. 活动过程设计

出示呼啦圈，教师示范讲解动作要求，自闭症儿童观察。教师双手分别握着呼啦圈两边并把它放在正前方的位置；弯下腰，把一只脚跨入呼啦圈，接着跨入另外一只脚。

自闭症儿童练习。教师要在一旁保护好自闭症儿童，并及时鼓励，培养自闭症儿童的自信心。教师先把呼啦圈放低一点，帮助自闭症儿童握着呼啦圈，辅助自闭症儿童弯下腰，把一只脚跨入呼啦圈，接着跨入另外一只脚。练习 3 次。

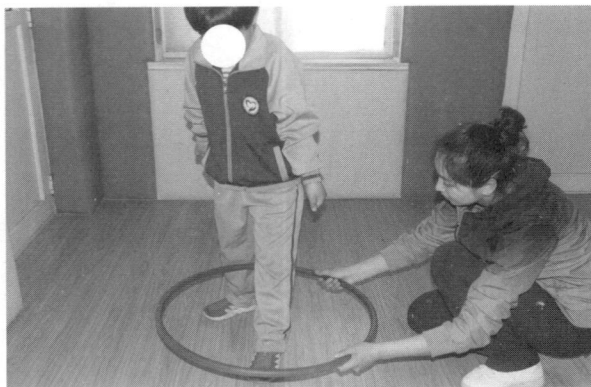

再把呼啦圈高度稍微调高,要求自闭症儿童自己拿呼啦圈,必要时教师给予帮助。练习 3 次。

要求自闭症儿童双脚跨入呼啦圈后转动双手把呼啦圈由后往前翻转到跨入前的位置(身体的正前方)。练习 5 次。

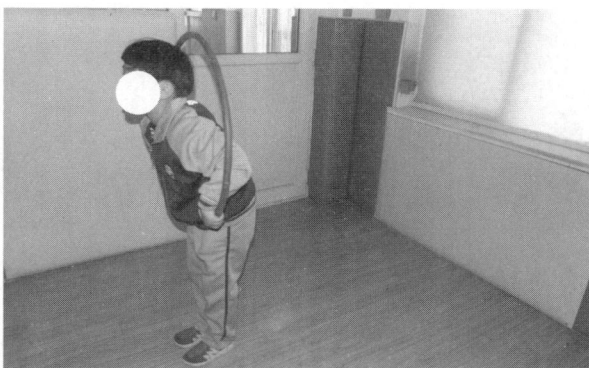

5. 活动建议

注意确保自闭症儿童的安全,在每一需要的环节给予适当的帮助。

九、灌篮高手

1. 活动目标

(1)提供自闭症儿童前庭觉、本体觉刺激,改善他们前庭 - 本体处理分辨异常,增加其动作企划能力。

（2）训练自闭症儿童小肌肉、大肌肉的协调能力及反应速度，提高手眼协调能力及灵活性，刺激自闭症儿童视觉关注，提高自闭症儿童有意注意。

2. 活动场地

家中、感觉统合训练室、户外篮球场、教室。

3. 器具准备

小型篮球架、篮筐、沙包、塑胶球。

4. 活动过程设计

让自闭症儿童站在篮筐前，将沙包投入篮筐中。教师或家长可以和自闭症儿童比赛进球数。

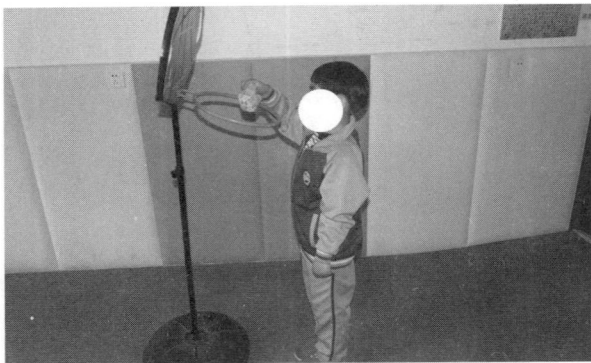

让自闭症儿童站在离篮筐 3 米的位置，将沙包投入篮筐中。

让自闭症儿童站在离篮筐 4 米的位置,将沙包投入篮筐中。

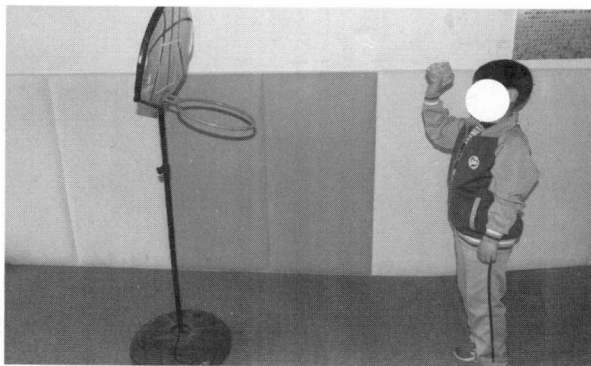

让自闭症儿童站在离篮筐前 4 米以外的位置,将空心的塑胶球投入篮筐中。

5. 活动建议

（1）开始时教师应给予足够的身体协助并鼓励自闭症儿童独立尝试。

（2）教师只在自闭症儿童犯规时给予口头提示。

（3）在家中可以用洗衣篮代替篮筐,将篮球投入洗衣篮中,或是到户外篮球场进行投篮游戏。

十、救难小英雄

1. 活动目标

（1）以直线性活动向自闭症儿童提供前庭觉、本体觉刺激,改善他们耳石感觉处理问题。

（2）通过完成活动任务来发展自闭症儿童的身体协调能力、本体感及顺应性反应。

2. 活动场地

感觉统合训练室。

3. 器具准备

悬吊系统、方形板秋千、球或布偶。

4. 活动过程设计

让自闭症儿童乘坐在秋千板上并由悬吊系统拉起，将球或布偶物摆放在悬吊摆荡的轨迹附近，要求自闭症儿童在摆荡的同时捡取球或布偶。

悬吊摆荡幅度不要太大，自闭症儿童头要摆正，必要时可以将镜子置于前方，给予视觉回馈。

慢慢加大摆荡的幅度。

教师可以随机摆放球或布偶，或是悬吊于自闭症儿童头部上方，要求自闭症儿童抬头，给予不同平面的刺激。

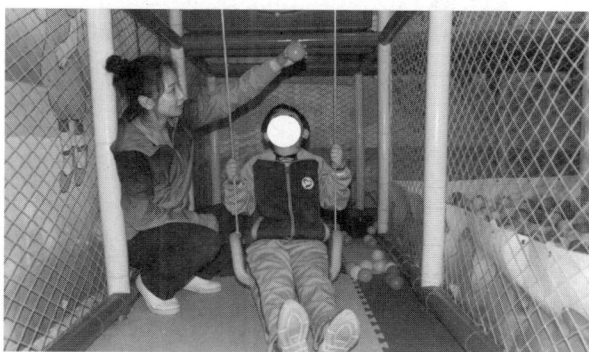

5. 活动建议

活动中若自闭症儿童出现头晕的现象，要马上停止活动。

十一、投掷沙包

1. 活动目标

（1）通过学习向目标抛掷物件，训练空间距离感，提高自闭症儿童手臂运动能力、手眼协调能力。

（2）通过向盒中扔沙袋，获得本体感觉，调整对大、小肌肉的控制能力和手眼脑的协调能力，从而提高注意力、动作灵活性和灵巧性。

2. 活动场地

感觉统合训练室

3. 器具准备

沙包、大盒子、小盒子。

4. 活动过程设计

教师演示投掷沙包的动作。

教师先指导自闭症儿童将沙包投入容器，再让自闭症儿童自己投沙包。

投的过程中要把距离不断拉长，容器由小变大。

5. 活动建议

（1）投掷的物品一定要是自闭症儿童喜欢的。

（2）根据自闭症儿童的实际情况适当延长投掷时间。

（3）投掷时间由短变长,难度由易到难。

十二、跳房子

1. 活动目标

（1）提高肢体协调的平衡能力,提升自闭症儿童驾驭自己身体运动计划能力。

（2）增加自闭症儿童双侧动作协调、身体姿势及顺序的运用能力。

2. 活动场地

感觉统合训练室、家中。

3. 器具准备

巧拼、粉笔、大纸板、沙包。

4. 活动过程设计

使用巧拼排出简单的形状,巧拼的大小一样,让自闭症儿童练习简单的双脚跳、单脚跳。

让自闭症儿童背对巧拼丢沙包,丢完之后开始跳格子。

在大纸板上用粉笔画出不同样式、不同大小的格子，让自闭症儿童背对格子丢沙包，丢完之后开始跳格子。因为格子大小、形状不同，更能训练自闭症儿童动作计划能力及身体姿势的协调。

5. 活动建议

（1）训练时要突出自闭症儿童的主动性和主体性，尽量减少被动训练，让自闭症儿童在训练中有意识、有计划、有目的地调控个体所要完成的动作。

（2）如果自闭症儿童因为见到奖励物而不配合训练，则可以等自闭症儿童完成了路线后拿出神秘奖励。

十三、谁是大力士

1. 活动目标

（1）通过学习向目标抛掷物件，训练空间距离感，提高自闭症儿童手臂运动能力、手眼协调能力。

（2）通过向盒中扔沙袋获得本体感觉，调整对大、小肌肉的控制能力和手、眼、脑的协调能力，从而提高注意力、动作灵活性和灵巧性。

2. 活动场地

感觉统合训练室。

3. 器具准备

旧报纸、线条或绳子。

4. 活动过程设计

训练人员用旧报纸揉成大小不同的纸团。

训练人员分别站在距离投掷线 1 米、2 米、3 米的地方，在划定的投掷线内将纸团向指定方向用力投出。自闭症儿童在旁边观看。

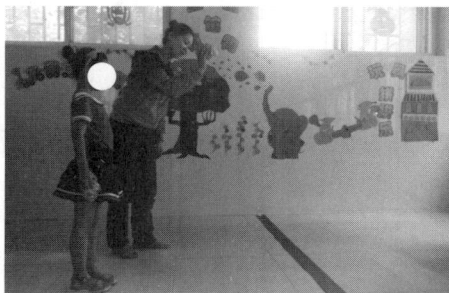

自闭症儿童分别站在距离投掷线 1 米、2 米、3 米的地方，在划定的投掷线内将纸团向指定方向用力投出。

训练人员与自闭症儿童一同站在投掷线外，同时向指定方向用力投出纸球，比一比谁投得远。

5. 活动建议

（1）根据自闭症儿童的实际情况适当延长投掷时间。

（2）投掷时间由短变长，难度由易到难。

参考文献

1.Elizabeth A. Stratis, Luc Lecavalier. Restricted and repetitive behaviors and psychiatric symptoms in youth with autism spectrum disorders[J]. *Research in Autism Spectrum Disorders,* 2013(6): 757—766.

2.J. Rodgers, M. Glod, B. Connolly, et al. The Relationship Between Anxiety and Repetitive Behaviours in Autism Spectrum Disorder[J]. *Journal of Autism and Developmental Disorders*, 2012(11): 2404—2409.

3.Jason J. Wolff, Kelly N. Botteron, Stephen R. Dager, et al. Longitudinal patterns of repetitive behavior in toddlers with autism[J] . *Child Psychol Psychiatr*, 2014(8): 945—953.

4. 蔡蓓瑛,孔克勤 . 自闭症儿童行为评定与社会认知发展的研究 [J]. 心理科学，2000（03）：269—274，380.

5. 曹日昌 . 普通心理学 [M]. 北京：人民教育出版社，1990.

6. 车文博 . 心理学原理 [M]. 哈尔滨：黑龙江人民出版社，1997.

7. 陈贵珍 . 感觉统合训练对自闭症儿童认知能力及动作发展能力影响的实验研究 [D]. 云南师范大学，2015.

8. 陈墨,韦小满 . 自闭症儿童非语言沟通能力的评估研究 [J]. 中国特殊教育，2015（05）：44—50.

9. 陈琦,刘儒德 . 当代教育心理学 [M]. 北京：北京师范大学出版社，2009.

10. 陈云英 . 特殊教育的理论与实践 [M]. 北京：教育科学出版社，1992.

11. 邓红珠,邹小兵,静进,等 . 感觉统合训练治疗儿童孤独症疗效影响因素分析 [J]. 临床儿科杂志，2005（02）：110—111，128.

12. 董欣．感觉统合训练 [M]．大连：辽宁师范大学出版社，2016.

13. 方俊明．特殊教育学 [M]．北京：人民教育出版社，2005.

14. 付建中．普通心理学 [M]．北京：清华大学出版社，2012.

15. 顾定倩．特殊教育导论 [M]．大连：辽宁师范大学出版社，2001.

16. 哈拉汉，肖非．特殊教育导论（第十一版）[M]．北京：中国人民大学出版社，2010.

17. 何国华．特殊儿童心理与教育 [M]．台北：五南图书出版公司，1988.

18. 黄建行，雷江华．特殊教育学校学生康复与训练 [M]．北京：北京大学出版社，2014.

19. 黄伟合．儿童自闭症及其他发展性障碍的行为干预 [M]．上海：华东师范大学出版社，2003.

20. 黄希庭、郑涌．心理学导论 [M]．北京：人民教育出版社，2015.

21. 黄辛隐，张锐，邢延清．71 例自闭症儿童的家庭需求及发展支持调查 [J]．中国特殊教育，2009（11）：43—47.

22. 柯克加拉赫，特殊儿童的心理与教育 [M]．汤盛钦，银春铭，译．天津：天津教育出版社，1989.

23. 李超．自然情境教学在自闭症儿童沟通教学中的应用探讨 [J]．科教导刊（下旬），2015（11）：99—100.

24. 李春梅，林利，刘颖．自闭症儿童的融合教育 [J]．医学综述，2009，15（16）：2554—2556.

25. 李芳．特殊儿童应用行为分析 [M]．北京：北京大学出版社，2011.

26. 李娟．儿童感觉统合训练 [M]．北京：中国妇女出版社，2016.

27. 李俊平．图解儿童感觉统合训练（全彩图解实操版）[M]．北京：朝华出版社，2018.

28. 李雪荣，陈劲梅．孤独症诊疗学 [M]．长沙：中南大学出版社，2004.

29. 李艳．自闭症儿童刻板行为的积极干预研究 [D]．华东师范大学，

2009.

　30. 林云强,赵斌,张福娟.自闭症儿童刻板行为的分析及干预策略探讨 [J].中国儿童保健杂志,2011,19(05):441-443.

　31. 刘全礼.残障儿童早期干预的理论与实践 [M].西宁:青海人民出版社,1995.

　32. 刘全礼.特殊教育导论 [M].北京:教育科学出版社,2003.

　33. 刘全礼.残障儿童的早期干预概论 [M].天津:天津教育出版社,2007.

　34. 刘照佩.感觉统合训练治疗儿童孤独症的疗效分析 [D].河北师范大学,2014.

　35. 吕梦.生态化融合背景下自闭谱系障碍儿童人际支持干预研究 [D].华东师范大学,2016.

　36. 毛颖梅.国外自闭症儿童游戏及游戏干预研究进展 [J].中国特殊教育,2011(08):66-71.

　37. 孟绍兰.普通心理学 [M].北京:北京大学出版社,1994.9.任桂英.儿童感觉统合与感觉统合失调 [J].中国心理卫生杂志,1994(04):186-188.

　38. 南丁丁.视听感觉综合训练对智力障碍儿童认知能力的影响研究 [D].上海体育学院,2014.

　39. 宁宁,张永盛,杨广学.自闭症谱系障碍儿童重复刻板行为研究综述 [J].中国特殊教育,2015(02):46-52.

　40. 潘一.特殊教育学基础 [M].北京:高等教育出版社,2006.

　41. 彭聃龄.普通心理学 [M].北京:北京师范大学出版社,2007.

　42. 朴永馨.特殊教育学 [M].福州:福建教育出版社,1995.

　43. 朴永馨.特殊教育辞典 [M].北京:华夏出版社,1999.

　44. 朴永馨.特殊教育概论 [M].北京:华夏出版社,1999.

　45. 苏雪云,金永欢,王小慧.美国小学阶段自闭谱系障碍儿童融合教育支持体系 [J].基础教育,2016,13(02):104-112.

　46. 孙娟.孤独症学生学校适应行为的研究 [D].辽宁师范大学,

2014.

47. 孙美丽. 整合性游戏团体对提高自闭症儿童社会互动能力的个案研究 [D]. 重庆师范大学，2011.

48. 汤盛钦. 特殊教育概论 [M]. 上海：上海教育出版社，1998.

49. 王纯. 自闭症儿童的感觉统合训练疗法研究 [J]. 中国健康心理学杂志，2006（05）：511-514.

50. 王和平. 特殊儿童的感觉统合训练 [M]. 北京：北京大学出版社，2011.

51. 王梅. 智力障碍、学习障碍和孤独症儿童教学策略的比较研究 [J]. 现代特殊教育，2005（02）：30-33.

52. 王梅. 孤独症儿童晴雪调整与人际交往训练指南 [M]. 北京：中国妇女出版社，2009.

53. 王梅. 孤独症儿童课程与教学设计—兼论特殊教育的课程 [M]. 北京：北京大学出版社，2014：64.

54. 王梅，张俊芝. 孤独症儿童的教育与康复训练 [M]. 北京：华夏出版社，2007.

55. 王萍，高宏伟. 家庭中的感觉统合训练（第 2 版）[M]. 北京：清华大学出版社，2017.

56. 王淑荣，杜德宝，尹连春. 特殊需要儿童的教育训练 [M]. 天津：天津教育出版社，2009.

57. 王淑荣，邢同渊. 特殊儿童早期干预 [M]. 北京：中国轻工业出版社，2014.

58. 魏寿洪，王雁. 美国整合性游戏团体疗法在自闭症谱系障碍儿童干预中的应用 [J]. 中国特殊教育，2015（03）：39-45.

59. 肖福芳. 沙盘游戏对自闭症谱系障碍儿童的心理辅导应用 [D]. 复旦大学，2010.

60. 肖瑾，徐光兴. 自闭症及有关儿童发展障碍 [J]. 健康心理学杂志，2000（05）：481-483.

61. 协康会. 自闭症孤独症儿童训练指南 [M]. 广州：广东海燕电子

音像出版社，2016.

62. 谢明 . 简述孤独症、阿斯伯格综合症与智力障碍儿童的区别 [J].南京特教学院学报，2006（01）：32−34.

63. 谢明 . 孤独症儿童的教育康复 [M]. 天津：天津教育出版社，2007.

64. 徐光兴 . "雨人"的秘密—解读自闭症之谜 [M]. 上海：上海科技技术出版社，2005.

65. 徐燕 . 例谈自闭症儿童的语言沟通能力训练—以图片交换沟通系统为例 [J]. 现代特殊教育，2014（06）：39−40.

66. 杨广学，尤娜 . 自闭症"地板时间"疗法（Ⅱ）：象征游戏和逻辑智慧 [J]. 中国特殊教育，2008（12）：61−65.

67. 杨丽 . 感觉统合训练对自闭症儿童行为的效果观察 [A]. 中国康复研究中心 . 第八届北京国际康复论坛论文集（上册）[C]. 中国康复研究中心，2013：3.

68. 杨霞，叶蓉 . 儿童感觉训练实用手册 [M]. 上海：上海第二军医大学出版社，2007.

69. 杨晓玲 . 解密孤独症 [M]. 北京：华夏出版社，2007.

70. 叶奕乾 . 普通心理学 [M]. 上海：华东师范大学出版社，2016.

71. 尤娜，杨广学 . 自闭症诊断与干预研究综述 [J]. 中国特殊教育，2006（07）：26−31.

72. 张文新 . 儿童社会性发展 [M]. 北京：北京师范大学出版社，1995.

73. 张文渊 . 自闭症的病因、诊断及心理干预 [J]. 中国特殊教育，2003（3）：71−75.

74. 张晓辉，吴艳乔，鹿伟，等 . 学龄儿童感觉统合失调现状及影响因素研究 [J]. 中国儿童保健杂志，2005（05）：401−402，405.

75. 甄岳来 . 孤独症儿童社会性教育指南 [M]. 北京：中国妇女出版社，2008.

76. 郑全全，俞国良 . 人际关系心理学 [M]. 北京：人民教育出版社，

1999.

77. 郑晓边. 儿童异常发展与教育 [M]. 济南：山东教育出版社，
1998.

78. 邹冬梅. 特教学校感觉统合训练教学指导手册 [M]. 大连：辽宁
师范大学出版社，2016.

79. 邹小兵. 孤独症谱系障碍的研究进展 [J]. 临床儿科杂志，
2010，28（08）：715−717，724.

80. 邹小兵，邓红珠. 美国精神疾病诊断分类手册第 5 版"孤独症谱
系障碍诊断标准"解读 [J]. 中国实用儿科杂志，2013，28（08）：561−
563.

81. 左秋芳，胡晓毅. 国外自闭症谱系障碍儿童刻板行为的干预研究
综述 [J]. 中国特殊教育，2012（08）：35−42.

2019年度山东省基础教育教学改革重点项目
《基于农村残疾学生社会适应能力培养的"大生活教育"实践与探索》
（项目编号：3702036）的主要成果之一。

图书在版编目(CIP)数据

大生活教育课程：自闭症儿童感觉统合训练理论与

活动设计 / 于港仕,周潇龙著. —— 青岛：中国海洋大学出版社,2022.2

ISBN 978-7-5670-3114-2

Ⅰ.①大… Ⅱ.①于… ②周… Ⅲ.①孤独症—感觉统合失调—儿童

教育—特殊教育 Ⅳ.①G766

中国版本图书馆CIP数据核字(2022)第030970号

出版发行	中国海洋大学出版社			
社　　址	青岛市香港东路 23 号	**邮政编码**	266071	
出 版 人	杨立敏			
网　　址	http://pub.ouc.edu.cn			
电子信箱	184385208@qq.com			
订购电话	0532-82032573(传真)			
责任编辑	付绍瑜	**电　　话**	0532-85902533	
印　　制	青岛鑫源印刷有限公司			
版　　次	2022 年 8 月第 1 版			
印　　次	2022 年 8 月第 1 次印刷			
成品尺寸	170 mm×240 mm			
印　　张	14			
字　　数	220 千			
印　　数	1~1000			
定　　价	60.00 元			

发现印装质量问题,请致电15092087405,由印刷厂负责调换。